2015年5月15日，刘延东见证中法高级别人文交流机制会议合作签字

中国大学生体育协会与法国大学生体育联合会正式签署了《中法校园足球合作谅解备忘录》

教育部学生体育协会对外交流与培训中心授牌仪式

2015年校园足球教练员赴法留学全体大合影

2015年校园足球教练员赴法留学开班仪式

2015年校园足球教练员赴法留学结业式

2015年10月1日，在图卢兹市政大厅，图卢兹一班全体留学人员与法国大体联主席索托、留学负责人、市政官员合影，庆祝中国国庆

2015年9月30日，法国电视台采访

2015年9月17日，马赛大学足球场，马赛四班是一个来自五湖四海，却因为足球成为相亲相爱的一家人

2015年9月16日，马赛四班全体学员在马赛大学足球场第一次合影

2015年10月24日，教育部郝平副部长视察蒙彼利埃学区

2015年9月30日，四位班主任参加中国驻马赛领事馆的国庆招待会与总领事王红女士合影

2015年中秋节，蒙彼利埃学区老师们自己动手包饺子，欢度中秋佳节

2016年11月，虽然天气条件恶略，但波尔多二班的队员们训练热情不减

2015年11月14日，法国图卢兹，图卢兹三班全体成员观摩比利牛斯大区女足训练

2015年10月1日，艾克斯马赛大学马赛三班全体庆祝祖国生日

2015年11月15日，赴法留学马赛大学全体学员参观学习法国里昂俱乐部

2015年10月13日，艾克斯马赛大学训练场，马赛三班学员杨海清课后与法方教练员击掌

2015年11月27日，走进波尔多俱乐部在拉巴特教练的指导下学习技术练习方法

2015年11月18日，波尔多一班每人一道自制中餐答谢法方人员

2015年12月7日，波尔学区毕业典礼全体合影

2015年12月4日，艾克斯马赛大学训练场回国前最后一场友谊比赛，马赛三班是唯一一个与法方教练员团队比赛中获胜的班级

蒙彼利埃二班结业合影

法方组织图卢兹二班学员参观卡尔卡松城堡、感受欧式古代建筑

中国学校体育教练员出国留学系列丛书（一）

校园足球圆梦法兰西
（2015）

杨立国　钟秉枢　主编

人民体育出版社

编委会名单

国家留学基金管理委员会简介

国家留学基金管理委员会成立于1996年，是直属于教育部的非盈利性事业法人机构。国家留学基金管理委员会设委员会和秘书处。委员会为咨询审议机构，秘书处为常设工作机构。国家留学基金管理委员会根据国家法律、法规和有关方针政策管理、使用国家留学基金；用法制和经济手段管理出国留学和来华留学事务，合理确定有关资助项目与方式；制定管理规章，发挥基金使用效益；受委托管理各项与国外双边、多边交换或单项奖学金，资助有益于中国教育事业和对外友好关系发展的项目；与境内外相应机构开展交流合作，并接受委托管理有关教育交流和科技合作方面的其他事务。国家留学基金主要来源于国家财政拨款，也接受并积极争取国内外捐助。

中国大学生体育协会简介

中国大学生体育协会（FUSC）成立于1975年，现隶属教育部，是经国家民政部审核批准并具有法人资格的国家级体育社团；是中华全国体育总会、亚洲大学生体育联合会（AUSF）以及国际大学生体育联合会（FISU）的会员单位。

中国大学生体育协会自成立以来，在教育部的关心和支持下，各项工作取得了长足的进步。中国大学生体育协会现有32个在国家民政部正式备案的分支机构，分别为：足球分会、篮球分会、排球分会、田径分会、羽毛球分会、民族传统体育分会、射击分会、击剑分会、冰雪运动分会、健美操与艺术体操分会、赛艇与龙舟分会、游泳分会、舞龙舞狮分会、棒垒球分会、橄榄球分会、攀岩分会、棋类分会、定向运动分会、网球分会、乒乓球分会、桥牌分会、手球分会、自行车分会、国防体育分会、柔道分会、跆拳道分会、空手道分会、海上运动分会、登山分会、新闻工作委员会、职业教育学校体育工作委员会和高校体育发展战略研究工作委员会。

中国大学生体育协会依靠坚实的学生基础、科学规范的管理模式以及出色的组织运营团队，成功组织了中国大学生足球联赛、中国大学生排球联赛、中国大学生篮球联赛、中国大学生篮球超级联赛等深受广大学生喜爱的校园精品赛事，同时每年组织50多项全国大学生单项体育赛事，由中国大学生体育协会协办的全国大学生运动会已成为国内最大的大学生综合运动会。

作为国际大学生体育联合会、亚洲大学生体育联合会的会员单位，中国大学生体育协会积极承办国际大学生体育赛事，与此同时，每年选派团组赴各大洲参加世界大学生运动会及各类国际大学生体育赛事。

自2005年中国大学生体育协会首次承担世界大学生运动会组团参赛任务以来，已陆续组团参加了第23届、第24届、第25届、第26届、第27届世界大学生夏季运动会和第22届、第23届、第24届、第25届、第26届、第27届世界大学生冬季运动会。

在第26届世界大学生夏季运动会中，中国大学生体育代表团取得了75金、39银、31铜的优异成绩，居金牌榜和奖牌榜首位，创造了中国参加世界大学生运动会的最好成绩，打破了1973年苏联代表团在大运史上创造69金的纪录，全面展示了我国高校体育近年来的发展成果，并以高素质的大学生队伍形象、高水准的竞技能力树立了中国大学生运动员良好的精神风貌，铸就了中国学校体育事业新的里程碑。

2004 年中国大学生体育协会在全国 1800 多个国家级、具有法人资格的体育协会组织中脱颖而出，被民政部评选为“全国先进民间组织”，成为全国体育协会中为数不多的获奖单位之一；2008 年中国大学生体育协会获得了中央国家机关颁发的“2007 年度中央国家机关文明单位”，这也成为中国大学生体育协会文化建设的一座丰碑；2012 年 4 月，“人力资源和社会保障部、教育部、国家体育总局、解放军总政治部、中共广东省委员会、广东省人民政府”六部委联合表彰中国大学生体育协会在第 26 届世界大学生夏季运动会中所做出的突出贡献，并授予“中国大学生体育协会深圳大运会工作组”先进集体的荣誉称号；2012 年 9 月，国际大学生体育联合会授予中国大学生体育协会“最佳国家大学生体育联合会奖”，以此表彰中国大学生体育协会为国际大学生体育竞赛和文化交流活动的顺利开展所做出的杰出贡献。

多年来，中国大学生体育协会始终通过学生竞赛来激发学校深入开展阳光体育运动的积极性和创造性，千方百计地为学生参加体育锻炼创造有利的条件，让阳光体育运动覆盖到每一个班级、每一个学生，真正做到“人人有体育项目、班班有体育活动、校校有体育特色”。与此同时，我们还要通过各种媒体，加强对学校体育的宣传，为广大青少年学生营造一个热爱生命、珍惜健康、崇尚体育的良好的社会舆论氛围，动员全社会的力量共同为提高青少年的体质健康水平做出贡献！

中国中学生体育协会简介

中国中学生体育协会（CSSF）成立于1973年，现隶属教育部，是经国家民政部审核批准具有法人资格的国家级体育社团；是中华全国体育总会、亚洲中学生体育联合会(ASSF)以及世界中学生体育联合会(ISF)的会员单位。

中国中学生体育协会从事全国中学生体育竞赛的组织管理工作和对外国际交往工作。现有9个在国家民政部正式备案的分支机构，分别为：篮球分会、田径分会、足球分会、排球分会、乒乓球分会、棋类分会、跆拳道分会、新闻工作委员会和校长体育工作委员会。

中国中学生体育协会每年组织40余项全国中学生单项赛事，由中国中学生体育协会协办的全国中学生运动会已成为国内最大的中学生综合运动会。中国中学生体育协会积极参加并承办世界中学生单项锦标赛和历届世界中学生运动会。2007年，中国中学生体育协会的名称被永久地镌刻在“雷蒙德”奖杯上，该奖杯旨在鼓励与表彰对世界学校体育事业做出不懈努力与杰出贡献的国家。

中国中学生体育协会努力倡导加强学生体育、增强学生体质、强健学生体魄的学校体育精神，遵守社会公德、体育道德风尚，为丰富中等学校校园文化生活、促进社会主义精神文明建设发挥积极作用。

教育部留学服务中心简介

教育部留学服务中心（以下简称“中心”）是教育部直属事业单位，专门从事为各类留学人员提供相关服务工作。目前，中心已经拥有 14 个业务部门、150 多名员工、2 个直属企业、32 个国内外分中心，业务涉及公派留学、自费留学、行前培训、国（境）外学历学位认证、留学人员回国就业等多领域、发展成为全方位、一站式服务的综合留学服务机构，服务范围遍布世界 100 多个国家和地区。

受教育部委托并经外交部批准，教育部留学服务中心出国处主要提供公派留学人员办理出国、出境服务手续，包括国家留学基金委全额资助、部分资助、互换奖学金项目和各部委、地方政府、科研院所自筹基金项目以及校际交流等项目。同时，受教育部委托，中心出国处从 2009 年开始实施针对留学人员的出国行前培训工作。截至目前，通过中心组织的各种形式的培训人数累计已超过 34 万人次。出国留学行前培训工作立足从服务对象需求出发，总结经验，不断创新，调整培训模式，赢得了较好口碑。

电话：010-62677800 转 1
传真：010-62677653
邮件：chuguo@cscse.edu.cn
地址：北京市海淀区北四环西路 56 号　辉煌时代大厦 6 层出国处
邮编：100080

中国留学网：www.cscse.edu.cn
出国行前培训网：www.cgpx.org

“平安留学”出国留学行前培训微信公众平台　“pinganliuxue”

致　辞

Le 18 septembre 2014, sous les lustres du Quai d'Orsay, à Paris, la Fédération Chinoise du Sport Universitaire et la Fédération Française du Sport Universitaire, signaient un protocole d'accord historique en présence de Mme Liu Yandong, vice-Premier ministre chinois en charge de l' Education, de la Culture, des Sciences, de la Santé, du Tourisme et du Sport de la République populaire de Chine et de Mr Laurent Fabius, Ministre des Affaires Etrangères et du Développement International de la France.

2014 年 9 月 18 日，法国外交部华光璀璨。在中国主管教育、文化、科技、卫生、旅游及体育事业的国务院副总理刘延东女士与法国外长法比尤斯的共同见证下，中国大学生体协与法国大学生体联签订了历史性的合作备忘录。

Cet accord, établi dans le cadre du Dialogue franco-chinois de haut-niveau sur les échanges humains, ouvrait des perspectives nouvelles pour nos deux pays et nos deux fédérations, qui s´engageaient ainsi, plus particulièrement, à coopérer et à mettre en place diverses actions autour du football universitaire : rencontres, stages, formations de cadres, échanges inter-universitaires.

在中法高级别人文交流机制的框架下，此次合作将推动中法关系进入全面提速的新时期，也将开启中国大学生体协与法国大学生体联之间人文交流合作的新篇章。双方将在接下来的一段时期内围绕着校园足球开展一系列的交流与合作，例如互访、赴法留学培训、中法大学间互访交流等。

Un an, quasiment jour pour jour, après cette signature, 240 professeurs d'éducations physique et sportive chinois posaient le pied sur le sol français, à Aix-en-Provence, Bordeaux, Montpellier et Toulouse pour y suivre une formation continue de trois mois mise en place par la FFSU et ses Universités partenaires. Celle-ci alternait cours théoriques et pratiques, mais également découverte de la culture française et des spécificités régionales.

在合作备忘录签订的一年后，第一批 240 名从事体育教学工作的中国学员踏上了法国的土地，他们来到了艾克斯、波尔多、蒙彼利埃和图卢兹这四个城市，并接受由当地法国大学生体联与合作院校共同组织的为期三个月的留学培训。培训分为理论课程与实践课程两个部分，同时，中国学员们也切身地了解了法国文化以及地区风土人情。

La formalisation de ces trois mois d'enseignements, illustrée à travers la publication de cet ouvrage, nous démontre aujourd' hui, toute la richesse d'une telle coopération. Le football, sport universel par excellence, constitue alors un vecteur d'échanges entre les peuples. Et au-delà du partage du savoir, I'aventure commune s'écrit à mesure que se tissent les relations humaines.

这三个月的在法培训经历将会在这本书中全面地呈现给读者，这也是中法高级别人文交流合作的一项丰硕成果。足球，作为一项杰出的世界性运动，它为人与人之间的沟通与交流构建了很好的平台。这次的赴法留学培训不仅是一次专业领域的技术交流与共享，更是一次中法两国人民增进了解、深化友谊的重要桥梁，也是中法两国人民汇聚共识、厚植友谊的重要途径。

A l' heure du bilan de cette fructueuse première édition, je tiens à remercier solennellement le gouvernement de la République populaire de Chine ainsi que la Fédération Chinoise du Sport Universitaire, à leurs niveaux respectifs, pour leur perspicacité, leur confiance, leur professionnalisme et leur engagement.

在第一届赴法留学成果即将出版之际，我由衷地感谢中国政府以及中国大学生体协，感谢他们的高瞻远瞩、他们寄予我方的充分信任、他们的敬业精神以及他们的高度配合与支持。

Cela restera, pour nous, un immense honneur, une fierté mais aussi un véritable plaisir de collaborer et d'avancer à vos côtés.

能与中方合作，推进中法人文交流合作的全面开展，我们法国大学生体联也感到非常荣幸和高兴。

Le regard déjà tourné vers l'avenir, je souhaite le meilleur à notre partenariat, une longue vie à l'amitié franco-chinoise ainsi que le plus grand et le meilleur devenir à nos deux pays.

我希望中国大学生体协与法国大学生体联能够进一步扩大合作领域，并忠心祝愿中法两国的友谊地久天长，共同迈向一个广阔的美好未来。

Professeur Jean-François SAUTEREAU

Président de la Fédération Française du Sport Universitaire

法国大学生体育联合会主席

让 - 弗朗索瓦·索特霍教授

（北京外国语大学法语系　黄悦　译）

目 录

第一部分：项目基本情况

一、项目实施背景

2014 年 9 月 18 日，中法高级别人文交流磋商机制启动仪式暨首次会议在法国巴黎成功召开。会议期间，在中国国务院副总理刘延东女士与时任法国外长法比尤斯先生的见证下，中国大学生体育协会（以下简称“中国大体协”）与法国大学生体育联合会（以下简称“法国大体联”）正式签署了《中法校园足球合作谅解备忘录》。双方计划在校园足球教练员留学与培训、学生运动队交流与比赛等方面开展系列合作。2015 年 5 月 15 日，中法高级别人文交流磋商机制第二次会议在京举办期间，国家留学基金管理委员会（以下简称“国家留学基金委”）秘书长刘京辉女士、中国大体协常务专职副主席兼秘书长杨立国同志、法国大体联主席让·弗朗索瓦·索特霍先生共同签署了 2015 年中国校园足球教练员赴法国留学项目执行协议。根据协议条款，在国家留学基金委的支持下，中国大体协将于 2015 年 9 月至 12 月从学校系统选派 240 名足球教练员及体育教师赴法国进行为期 3 个月的系统学习。

2015 年 9 月 15 日至 12 月 11 日，首批 240 名中国校园足球教练员按计划赴法国波尔多第四大学、图卢兹第三大学、埃克斯马赛大学、蒙彼利埃大学进行学习。参加本次留学项目的教练员来自全国 31 个省、市、自治区、直辖市。其中，36 人来自小学，92 人来自中学，112 人来自大学。所有教练员均以优异成绩通过了法方组织的专业理论及实践训练考试，并得到了法方及社会各界高度关注。我们期待着 240 名校园足球教练员回国后能够成为“星星之火”，带动全国校园足球的发展，推动中国足球事业的进步。

二、项目组织机构

作为中法高级别人文交流机制的重要成果，全国青少年校园足球工作领导小组办公室、教育部国际合作与交流司、国家留学基金委、中国大体协共同确定实施2015年中国校园足球教练员赴法国留学项目。此外，该项目还得到了教育部留学服务中心（以下简称“留服中心”）、北京外国语大学、首都体育学院、法国驻华大使馆的大力支持。作为教育部学生体育协会对外交流与培训中心的所在地，首都体育学院负责具体落实行前集训等相关事宜。北京外国语大学负责选派各班课堂翻译，并与法国驻华大使馆合作，在出访前为12名在读的硕士生、博士生定制了培训课程，增加学生们对足球项目的认知，强化大家在足球领域法语专业词汇的理解和掌握。

三、项目筹备过程

在有关单位的大力支持下，中国大体协自2015年1月即启动了该项目的各项筹备工作。从项目审批到立项，从学员选拔、录取到最终派出，中国大体协均与各有关单位及各班学员间建立了及时、有效的沟通机制，通过公文、工作会、微信群等各种渠道实现信息共享。在半年时间里，中国大体协完成了240名出国留学人员的选拔、班级划分、网上报名、派出、签证、机票预订、生活费领取、学费支付等一系列出访前筹备工作，并积极利用世界大学生运动会、世界大学生单项锦标赛及国际会议等多边场合与法方对接，研究课程设置、师资力量等具体教学问题。全体学员出访前，以中国大体协专职副主席兼副秘书长薛彦青同志亲赴法国四地进行实地调研，多次与法方召开工作会议，为学员们在法期间顺利完成学业起到了关键作用。

为加强对留学人员的管理，提高国家留学基金的使用效率，中国大体协将留学人员分成12个班，每班20人（含1名班主任、1名法语翻译、18名足球教练员）。其中，图卢兹第三大学80人、艾克斯马赛大学80人、蒙彼利埃大学40人、波尔多第四大学40人。

四、行前培训

2015年9月7—14日，中国校园足球教练员赴法国留学项目行前集训在首都体育学院举行。240名教练员齐聚首都体育学院。集训期间，来自北京外国语大学、首都体育学院的相关专家从领事保护、文化冲突、在外学习生活注意事项、足球基础理论、运动生理学基础等方面为广大学员进行了详解，帮助学员们互相熟悉，转变心态，摆正位置，为在外留学生活做好各项准备工作。2015 年 9 月 7 日，行前集训开班仪式在首都体育学院举行。国家留学基金委秘书长刘京辉，教育部学生体育协会联合秘书处秘书长、中国大、中学生体育协会常务专职副主席杨立国，教育部留学服务中心主任孙建明等出席了开班仪式，并为在首都体育学院成立的教育部学生体协对外交流与培训中心揭牌。

第二部分：留学内容

一、通用基础知识

（一）足球教学 / 学习方法的理论基础

法国的足球训练注重对教学和学习理论的运用。各级别的教练员均需经过法国足协的系统培训。学习理论并不是告诉教练员如何去训练自己的队员，而是借助于学习理论的一些原理指导队员如何去进行学习。学习理论对于教练员来说是一个培训队员的锦囊。四个学区涉及的基础理论各有侧重，详略不同，可以归纳为两个方面的理论基础：认知学习理论和行为学习理论。

1. 认知学习理论

足球教学与学习的理论主要借鉴了皮亚杰、维果茨基和布鲁纳的理论观点。皮亚杰认为每个人都是独立的个体，能够思考，他们参与到学习的过程中，并且他们为自己的学习负责，因此这一派学者认为个人有能力去适应环境，从而进行相应的学习。根据此理论认为教练是可以通过提问了解球员大脑里在想什么，这些想法是否是对的。与皮亚杰的观点不同，布鲁纳的理论价值在于强调教练与多个球员之间的关系，他可以提问多个球员，球员之间又可以交流，相互学习、这种多元的关系就构成了团队概念。维果茨基提出要非常了解球员，训练要个性化，因为设计的训练超出了球员的能力范围，对于球员来说是不实用的，反之设计的训练太过基础，队员也是没有好处的。所以维果茨基认为作为教练员能了解到球员的长处和短处以及能力区间，能够量身订做训练方案并且提出挑战，球员又能够在他们的能力范围内找到方法解决问题。依照上述理论，教练员不仅要能够在球员基础能力到极限能力这个能力区间内做出合理安排，还要知道如何提问，问什么？通过什么方法帮助球员解决问题。

2. 行为学习理论

以巴甫洛夫、华生、斯金纳为代表的行为主义心理学理论为足球训练也提供了有价值的参考。行为主义的观点认为教练不可能看到球员脑子里在想什么，因此，球员不能连续吸收一个整体的东西，我们在授课过程中就会倾向于把整个课程切分成很多小块，并且在每个小块都进行非常详细的介绍。学习中的大量重复、反馈和强化等就是该理论的体现。

（二）法国足协统一的教学法和教学模式

基于对学习理论和足球项目规律的认识，法国足协提出了主动性教学法和指导性教学法，并在此基础上提出了执行教学、战术决策教学和自我适应教学三种教学模式。

1. 教学法

主动性教学法是教练员发现问题后通过情境的设置、提问和引导的方式促进运动员积极地观察、主动地思考和决策的一种教学法；指导性教学法是教练员为了提高队员技术和战术掌握的熟练程度，让运动员按照要求有目的地进行大量重复的训练教学法。主动性教学法的目的是使训练的队员学会自己思考，最终能够自己发现并解决比赛中出现的问题；指导性教学法的目的主要是，当发现比赛中出现的问题后，需要一些技术和战术的支撑，就通过对技术和战术的大量重复训练，来提高队员对技术和战术的熟练程度。指导性教学法是提高队员在比赛中决策后的执行能力。主动性教学法则是提高队员思维决策能力（比赛的适应能力），技术和战术是表达思维决策的一种途径，而思维决策能力则是要通过对信息获取和分析获得的，两者之间相互补充。

2. "3P"教学模式

法国足协推广的教学模式，是法国青少年足球训练理念的具体体现和结晶。主动性教学法和指导性教学法结合三种不同的教学模式使训练变得更有针对性，从而大大提高了训练的效率。

(1) 执行教学模式（PME）

执行教学模式，是指教练员让队员按照要求完成训练，让队员在没有对抗或有对抗的情况下反复地进行练习，在练习中要提出对训练的要求，告诉技术和战术的一些解决方案，如如何运用技术、如何移动等，是一种对技术和战术的强化训练，通过训练使球员技术和战术更加稳定。

（2）战术决策教学模式（PMDT）

战术决策教学模式，主要在情景模拟教学训练的时候使用。这种训练方法在对抗人数不相等的情况下进行，将情景设置的目的和动作指令告诉队员，让队员重复地进行训练，教练员可以给出建议，与队员互动，增强队员对不同情景的适应能力。这种训练方法可以节省时间，是一种更有效率的训练方式。

（3）自我适应教学模式（PMAA）

自我适应教学模式，主要在对抗训练时候采用。有利于首先给队员一个目标，对球员的动作提出要求，让他们自己在遵守规则的前提下自由地进行对抗，教练员通过观察发现问题后叫停，提出问题，引导队员发现问题，自己通过努力去寻找答案。通过这样的方法增强队员对不同情景的适应性，使队员学会自己解决比赛中出现的问题。这种训练方式可以提高他们主动性、动机性和好奇心，也是队员最感兴趣的教学模式。

通俗地说执行教学模式可以教会球员用脚踢球，而战术决策教学模式和自我适应教学模式可以教会球员用脑子踢球。

（三）基于学习理论和教学法的训练思路

1. 注重启发引导，培养队员的积极思维和创造力

观察—判断—选择—执行，这一理念贯穿整个训练内容中。无论是运球练习还是传接球练习，法方的教练员总是在强调观察，注重启发。通过练习方法的设置培养队员的信息获取能力和预测、决策能力。队员在练习中只有积极地观察和思考，才能很好地完成这一练习，同时教练员通过提问的方式引导学生思考问题产生的原因，寻求解决问题的方法培养主动性和创造性。

2. 对技术实用性的重视大于单一技术动作的掌握

在教学训练中教练员从来不先讲动作要领，而是让学员们做各种练习，在练习中，队员会通过亲身体验提出各种各样的问题，教练员则在引导和解答过程中，告诉你他为什么要这样做和这样做的教学效果。相比之下，国内足球教学对于单个的技术训练较多，例如，颠球、脚内侧踢球、脚背正面踢球等等技术动作。而法国足球训练中恰恰相反，很少进行单一的技术动作练习，他们认为不要

单纯为了练习技术而练技术，而是在实战对抗中反复地运用此技术动作，最终形成由技术升华到技能。

3. 注重练习密度及训练的有效性

法方教练员的每一节训练课都是通过精心准备和安排的。每节上课前教练员会根据不同的上课内容，把场地分为热身对抗、协调性练习、情景训练、技术练习、对抗练习等不同区域，并提前利用各种器材、布置好场地。在正式开始训练课前把学生按照课的主题需要进行不同的人员分组，分别穿上不同颜色的对抗训练服。每一部分训练教练员的站位也是不同的，要便于观察场上的队员，训练需要多少球都会提前安排好并放在需要的位置上，这样的目的就是严格地控制训练时间，训练时间到会立刻进行下一部分的练习，每部分内容会逐渐增加练习难度，一般设计两到三个变量，使训练内容衔接紧凑，层次清晰，难度递进，保证一定的训练密度与强度，从而达到相应的训练效果。

4. 以人为本，重视球员的自我保护和自我调节

在马赛学区，法方课程的开始阶段就安排拉伸、放松与恢复的课程，并作为最主要的课程之一，尤其是在一堂完整的拉伸训练课程中体验了丰富有效的各类拉伸方法，每名学员都感觉到身体轻松和舒畅，这个课程正体现了法方对于恢复的重视以及恢复在训练过程中的重要作用。

5. 通过多样化的激励激发学生的学习动机

在练习中运用较多的积极教学方法，要求队员积极主动地听、练。教练员置于练习场地之外，鼓励、激励队员练习，并且观察练习，一旦发现问题采用提问的形式让队员自己找到解决问题的方法，恢复练习后，如果队员正确地解决了刚刚练习中发生的问题，则积极地鼓励和称赞队员，如果队员做得不好，也不批评，而是多鼓励。

比赛是激励队员很好的训练手段，比赛对于不同年龄阶段有不同的要求，对于 U9 年龄段的队员，年龄较小，比赛是以游戏为主，主要培养兴趣为目的来激励学生训练。比赛通过改变目标同样可以起到激励的效果。例如，在比赛中遇到实力较强，比分差距较大的情况下，自己队员很沮丧，教练员及时给自己的队员改变目标（只要球能够推进到对方的半场就算得 1 分，结果队员以这样的目标来完成比赛，最终得分超过对方实际比赛进球数），最终虽然他们大比分输掉了比赛，但是孩子们依然很高兴，因为他们完成了教练员设定的目标。

6. 重视训练数据的记录、定期进行对比

在法国教练员非常注重通过定期测试，全面了解队员的技术技能和身体机能水平，得到基于队员特点的真实的科学数据，并依据各项数据合理安排符合队员特点的训练，同时通过不同时期的数据对比，如果数据在原有的基础上提高了，说明教练员安排的训练手段是科学有效的，反之数据降低，说明教练员在训练内容设置，方法手段上出现了问题，这是教练员需要反思的地方，所以测试不仅仅是监控运动员运动水平是否提高的手段，同时也间接地反映了教练员日常训练、内容方法手段是否有效的一种监控方式，这和国内许多的教练员训练方式是不一样的，在国内我们所谓的测试，只是单纯地对运动员所进行的测试，如果测试成绩在原有的基础上得到提高还好，反之测试成绩降低，我们的教练员没有从自身去发现寻找问题，只是在队员身上寻找问题的答案。例如，法方教练员针对了解队员技术技能和身体机能的进步与发展，检验训练的效果，使用如下技术技能考核表：

表 1　技术技能考核记录

<table>
<tr><th rowspan="4">姓名</th><th rowspan="4">级别</th><th rowspan="4">之前俱乐部</th><th colspan="6">准确性</th><th colspan="7">灵敏及协调性</th><th colspan="8">速度和耐力</th><th rowspan="4">总得分</th></tr>
<tr><th colspan="6">传球——控球变向</th><th colspan="5">颠球</th><th colspan="2" rowspan="2">过障碍运球</th><th colspan="2" rowspan="2">20 米</th><th colspan="2" rowspan="2">20 米折线跑</th><th colspan="2" rowspan="2">40 米</th><th colspan="2" rowspan="2">最大有氧速度跑</th></tr>
<tr><th colspan="2">20 米</th><th colspan="2">30 米</th><th rowspan="2">时间</th><th rowspan="2">得分</th><th colspan="5">3 × 50</th></tr>
<tr><th>左脚</th><th>右脚</th><th>左脚</th><th>右脚</th><th>左脚</th><th>右脚</th><th>头部</th><th>总数</th><th>得分</th><th>时间</th><th>得分</th><th>时间</th><th>得分</th><th>时间</th><th>得分</th><th>时间</th><th>得分</th><th>时间</th><th>得分</th></tr>
<tr><td></td><td></td><td></td><td></td><td></td><td></td><td></td><td></td><td></td><td></td><td></td><td></td><td></td><td></td><td></td><td></td><td></td><td></td><td></td><td></td><td></td><td></td><td></td><td></td><td></td></tr>
<tr><td></td><td></td><td></td><td></td><td></td><td></td><td></td><td></td><td></td><td></td><td></td><td></td><td></td><td></td><td></td><td></td><td></td><td></td><td></td><td></td><td></td><td></td><td></td><td></td><td></td></tr>
<tr><td></td><td></td><td></td><td></td><td></td><td></td><td></td><td></td><td></td><td></td><td></td><td></td><td></td><td></td><td></td><td></td><td></td><td></td><td></td><td></td><td></td><td></td><td></td><td></td><td></td></tr>
<tr><td></td><td></td><td></td><td></td><td></td><td></td><td></td><td></td><td></td><td></td><td></td><td></td><td></td><td></td><td></td><td></td><td></td><td></td><td></td><td></td><td></td><td></td><td></td><td></td><td></td></tr>
</table>

总而言之，法国青少年足球教练员足协的统一培训下，具备了对足球训练较为一致的认识，并能在相对统一的思想指导下执教。他们认为最重要的是如何理解竞技，如何解读比赛。足球是讲求战略和策略的，除了技术方面，他们希望球员要不断思考，学习观察、感受，以及如何做决定。教练员的主要任务是引导队员独立发现问题和解决问题。

（四）训练不同阶段的规划与周期

训练的目的就是提高队员的技术、战术、心智、体能水平。影响训练的因素有天气、赛事、伤病、情绪等等。针对个人来说差异也会比较大，所以在安排训练时要根据具体情况进行调整，制订计划时要考虑周全。

1．训练的不同阶段

赛前准备期：包括恢复期和赛前的休整期，训练强度是随比赛的临近逐渐提高，在临近比赛时要接近比赛强度。要从体能、技术、战术、心理四方面开展训练。比如在体能方面要训练肌肉、力量、耐力；技术方面要练习运球、传球、射门；战术方面要进行两三人间的配合和实际操练；心理方面，进一步了解自己的球员和规则。比赛前的休整也从以上几点训练不过要加大强度。这是一年中的准备阶段。

比赛期：每周都有比赛，所有的训练都要根据比赛进行调整，在法国从 U13 开始每周都要进行 3 次训练。此阶段依旧从体能、技术、战术、心理四方面开展训练。体能采用 3+1 的方式，即三周大强度一周调整。技术训练根据比赛来调整（比赛中如果出现技术问题，训练时就要多进行技术的练习，战术就适当减少。这个计划可以是一周或一个月的）。心理方面，也要根据比赛情况来定，比如在比赛中某个运动员出现不能顶住压力，在训练中就要加入相应的训练内容。这些技术、战术、心理训练安排都是由教练员决定并灵活运用的，它与体能不同，会有相对固定的训练内容，因为体能会有相对固定的指数。

2．训练的周期安排

在法国，一整年的训练分为 4 个阶段。赛季是当年 7 月至次年 5 月，球员的假期一般在 6 月和 12 月，大概 15 天的假期。

第一个阶段是体能准备阶段，一个完整的体能准备 4 ~ 6 周，在这 4 ~ 6 周的体能准备阶段，训练的任务和强度逐步增加。在前面的 4 周体能准备阶段，不是只有体能，也有技战术，但是以体能为主。

第二个阶段是专项准备阶段，大概有 2 周专项准备，从以体能为主转向以技战术为主的训练。在专项准备期，强调更接近比赛的体能准备，训练中要有速度、耐力和爆发力。

第三个阶段是赛前阶段，越接近比赛要强调比赛的质量而不是数量，要接近比赛的。不是强调运动量要大，要有保持与恢复，是赛前阶段的难点。

第四个是比赛阶段，训练要按比赛日程来调整，业余球队一周一场，但是高水平职业队可能会一周有三场比赛。

周期的设计一般是一年，宏观的设计是一年中 2 个，中观是 1 个月或 5 周，微观就是以天为单位。

在进行周期规划时，在每一个周期中要注意合理的调整轻松与合理训练的难易程度。有一个研究表明，大量单调的训练，会让队员的身体和心理都有不好的影响，会失去动力。教练员在安排训练任务的时候，不能连续 6 次都很难，也不能连续 6 次都很简单。所有的赛季都要根据比赛的日程来调整。强度最大的训练离比赛至少需要有 3 天时间，有 3 天的时间来恢复。在比赛后也要进行轻松的比赛，在比赛的前一天或比赛当天的上午，也可以有一些有针对性的时间比较短的训练。

（五）做好教练工作必须掌握的知识

1. 足球理论知识

包括足球运动的发展史、当代足球的发展趋势、技战术发展动向、先进的训练方法和管理经验、各年龄段特点及训练主要任务等。教练员应结合训练实际形成自己的理论体系。

足球运动的发展史：了解足球运动的起源以及在各个历史时期发展情况，对于系统理解足球运动和对未来足球运动的展望起着重要作用。有针对性地对某个国家和地区足球历史学习，可以非常清楚地理清这个国家或地区技战术打法、足球文化的形成原因，从而达到深入感受，在其中吸取营养，完善自己的目的。

当代足球的发展趋势：足球的战术改革仍然在继续，在新的世纪里，真正意义上的大变革已经不可能再出现了，将来足球的发展将会朝着更加实用的战术前进，届时的足球将会体现如下趋势；进攻型打法占据优势；时空争夺更加激烈；技术更加追求快速、实效、精确；攻防转换更加快速多变。所以教练员把握好此趋势，在队伍的管理、战术打法的选择、球员的选材与指导等方面起到重要的指导作用。

技战术发展动向：通过对最近世界杯和各大洲足球赛的观察、分析发现，现代足球比赛表现出战术特点的趋同性、球员能力的全面性、关键位置的特殊重要性、中场球员的可靠性、发动进攻的及时性、边路进攻的有效性等技战术特点，使现代足球比赛具有更加鲜明的特征，预示着现代足球比赛更加注重球队风格、球队成员的能力、进攻形式的有效性、成功的定位球战术、球员的心智能力适应比赛中任何场景的战术要求、球队精神和战术纪律等方面的培养和训练。世界杯和各大洲的比赛告诉我们现代足球的发展趋向进攻和防守相结合，在进攻时全队都要参与进去，防守时每个队员都要在丢球之后马上进行前场拦截和后场阻击。教练员要善于有目的地培养各个位置需要的人才，每个队员要各司其职，分工要明确，协调合作要坚决。同时也要培养自己的观察和解决问题的能力，对出现的问题及时地补救和改进，设计出有效的整体、局部打法。通过平时在训练中培养的坚定信念，逐步形成球队的风格，并在比赛中得以体现，现代足球比赛的特征及其发展趋势是现代足球训练的重要前提，是进行符合实战足球训练的重要前提。

先进的训练方法和管理经验：训练方法是在首先是要符合足球的客观规律，针对特定对象、特定时期、特定环境下的训练方法，先进的训练方法是以先进的足球理念为基础的，是否符合上述的技战术发展方向。当今社会高度发达，训练方法的获取相对简单，但要甄别先进与否，则要从教练员对足球的认识出发，符合球队的现阶段要求并符合足球的发展规律。

各年龄段特点及训练主要任务：针对青少年教练员，熟悉各年龄段的特点，知道在这个年龄段该练什么，怎么练是首要掌握的知识，只有掌握这些知识才能合理有效地组织训练和比赛，才能很好地发掘人才、培养人才，使队员循着一个正确发展道路成长。

2. 基础理论知识

包括运动解剖学、运动生理学、运动医学、运动心理学、运动训练学、运动生物化学、体育教育学、体育管理学、体育测量学等。当代的科学训练必须发挥多学科的综合优势。

运动解剖学：运动解剖学是人体解剖学的一个分支，它是在人体解剖学基础上研究体育运动对人体形态结构产生的影响和发展规律，并探索人体结构与体育技术动作关系的一门新兴科学。教练员通过学习，了解体育运动对人体形态结构的影响及其规律，才能运用运动解剖学基本理论和基本知识解决体育运动中的实际问题，让队员避免运动带来的潜在伤害。

运动生理学：要提高足球运动的水平，系统、科学的训练是必不可少的。目前运动生理学在足球训练中运用很广泛，不仅大大提高了足球训练水平，而且也提高了足球运动员的身体素质。足球运动是一种高强度的间歇运动，对三大供能系统都有不同程度的要求，教练员在组织足球训练时要针对其生理学特点，采取有效的训练方法，提高运动员力量、速度、耐力以及柔韧性水平。根据生理学知识，运用科学的数据跟踪运动员的情况从而达到指导训练工作的目的也是教练员必须掌握的知识。

运动医学：足球运动是创伤发生率最高的运动项目之一，教练员掌握运动医学知识首先可以了解足球运动受伤率较高的身体部位，并根据运动医学知识提前做好预防工作，提醒运动员的自我保护，防范于未然；其次，可以运用运动医学知识指导训练，正确处理运动员赛后及伤后恢复；再次正确、及时、有效的处理运动员受伤情况。

运动心理学：运动员的心理训练，是现代运动训练的重要组成部分，他同传统的身体训练、技术训练和战术训练组合构成了现代足球运动训练的完整体系。运动员的心理训练就是指训练运动员为完成足球运动所需要的心理因素得到稳定地加强和提高，并学会调节心理状态的各种方法，以便在训练和比赛中促进身体和技战术水平得到正常或超常的发挥。现代科学研究证明，运动员的心理因素影响着身体、技术和战术的发挥程度。体力受心理因素的影响显而易见，如果运动员参加训练和比赛时情绪低迷，意志消沉，信心不足，遇事胆怯，便不能使机体的潜在能力得以充分发挥。从技术和战术来说，要在训练和比赛中做到充分发挥，更需要进行心理训练，因为运动员必须能够根据临场情况的变化，当机立断采取行动，这要求运动员不仅要有注意高度集中的训练，而且还要有思维敏捷性和灵活性的训练，适宜的情绪兴奋性和稳定性训练，意志果断性，顽强性，自觉性等品质的训练等，才能充分施展运动员的运动的技术和战术水平。如果缺乏必要的心理训练，运动员的心理素质发展不好，既是身体、技术、战术水平较好，但在竞赛中也难以取得较好的成绩。因此，心理训练和技术、战术、身体、智力等构成了现代足球运动训练的基本内容，心理训练已上升到一个突出重要的地位。心理训练的作用，主要在于促进运动员的心理过程的不断完善，形成足球运动所需要的良好个性的心理特征，获得较高水平的能量储备，使其心理状态适应训练和比赛的要求，为提高运动技术水平和战术效果及获得最佳竞技状态和创造优异成绩，奠定良好的心理基础。

足球训练是一个复杂的系统工程，教练员所掌握的知识量直接影响足球训练的效果，随着绿茵场上竞争的日益加剧和现代科学技术在足球训练中的广泛运用，对教练员的素质提出了更高的要求，各方面的知识都有可能对足球训练起到良性的影响，所以，作为教练员要做个有心人，善于吸收各方面知识，并甄别筛选运用到训练比赛中，遵循足球运动的基本规律，这样才能达到理想的效果。

（六）社会心理学相关内容

社会心理学应该是一门研究社会群体和个人心理现象的一门学科。法方培训课中社会心理学的主题分别为：如何帮助队员做好心理准备；心理和体能的准备；目标的制定；情绪的控制与管理；团队的概念和体现心理作用的场景。法方在培训安排中专门安排了10小时相关内容的课程，充分说明法国人对心理因素在足球训练、比赛中作用的重视。

1．良好的心理状态是所有运动的基础和保障

我们往往会感叹，当一个非常有天赋的队员在身体和技术都已经达到一个非常高水平的时候，却没有能够成为一名优秀的运动员，这是为什么呢？寻找原因往往都出现在他成长的过程中，没有能很好地处理好心理方面的相关问题。

影响一个优秀运动员的表现有：智力、医疗、心智等。心智看似是独立的一个方面，但心智与技术、战术直接相关，因此要进行加强训练，要开发他们心智的灵活性能使之很好的控制自己的情绪（失球、对对手的不满都会影响到他们的情绪）。自信是心智的重要一环、控制情绪、集中注意力、在压力下放松都是非常重要的。在法国，教练员们认为一个好的运动员有一个好的基础首先具备好的精神状态，包括基本的体育、社会、教育的价值观等。在选择球员的时候观察孩子是否有团队意识，综合考量孩子的能力。心理的准备应与技术、战术训练紧密结合。

球员、教练员、训练比赛这三个因素构成一支队伍，队伍需要凝聚力，这种凝聚力也是一种心理的准备，它包含两个方面：一个是情感凝聚力，主要是指场下的情感概念，另一个是比赛场上的团队凝聚力，需要每个队员都要拼搏比赛，为团队的目标而努力。因此球员的心理准备对他们的训练质量和临场表现有着直接的影响。法国的教练员很少对球队进行说教，因为那样的效果并不会很好，但是通过一些情绪管理的技巧和训练方法的调整就比较容易让球员能够接受。

2．了解球员和激发动机的社会心理学方法

如何将心理学的理论知识与足球的训练比赛实际相结合一直是一个难点，特别是操作上的方法与技巧。培训课中概括了获取队员心理变化的主要方式：

①观察：通过观察他们的行为表现，大概得知他们的心理要求。

②交流：通过交流获取他们的想法。

③摄像：通过视频信息分析队员的行为。

④团队生活：通过团队生活、比赛、训练发现队员的心理变化。

⑤个人经验：执教或自己做运动员的经历。

⑥跟工作团队的交流：过去各种信息。

在足球项目中让球员明确自己的目标远远比对他们进行说教更有效果。明确准备期（训练期）和比赛期的目的和任务是非常重要的。在目标的确定过程中使训练期和比赛期连贯起来，让学生明白训练的目的是为比赛服务的。制定目标对队员的专注度有积极的影响，是队员训练努力的方向，同时对他们的自信心也有积极的影响。阶段性的目标是保持球员进步的动力。教练员经常说的一句话“我们的训练就像比赛一样”。

在训练中要制定有效的难度，在比赛中才会如鱼得水。运动的本质就是寻求成功，成功只是结果目标，这个目标不是每个人都能达到的，所以更要注重过程。教练员是要通过结果得到有价值的反馈，为下一个目标的制订提供参考。目标不是死的要灵活并且要随时进行必要的调整。教练在制订目标是要注重与队员的交流。

3. 用社会心理学知识提高队员控制情绪能力

面对青少年球员，在他们的成长过程中会遇到各种各样的心理问题，在对他们进行心理训练的同时让队员学会自我控制和修复心理问题显得更为重要。比如情绪的控制是一件非常难的事，需要控制自己的行为和控制自己对某些事情的反应。情绪是对一件事情的反应会有什么想法，家长来看自己比赛，不同的人会有不同的反应。情绪反应在某种程度上讲是比较平稳的，持续 1 小时或持续整场比赛。

随着年龄的增长，球员们会感到越来越大的压力，压力是因为发现理想跟现实的差距，面对这个差距就会产生压力这种情绪。压力可以是积极的，也可以是消极的。当自己能控制的话，就能转化压力为积极行动。如果被压力压垮，感到害怕，就会失败。伴随着压力的到来还有焦虑的情绪，焦虑是一种消极的情绪，伴随着感到害怕，担心。会有一些身体反应，比如手心出汗，身体紧张。压力会转变成焦虑，这样持续的时间就会比较长。当然在控制情绪上还是有一些技巧的，例如：

①适应或调整策略。

②正视自己的这种情绪，转移注意，去想想其他的事情。

③放松的技巧：因为心理和肌肉之间有关联的，放松技巧主要是对肌肉紧绷的状态。从一个疲软的状态到具有活力；

④通过五感来实现，类似一个真正的感官体验；

⑤自言自语，自我暗示，恢复动力；

⑥习惯：养成自己的应对习惯。

⑦确定目标：可以让人集中注意力，消除其他的障碍

⑧要学会找到一个平衡点。

4. 了解社会心理是怎么影响团队及个人的体育表现

足球是一个集体项目，个人的心理因素会影响团队的心理状态。相反团队的心理因素也会影响个人的状态。这是一个相互作用相互影响的关系。团队是两个或两个以上的人，在一定时间内相互影响，给予自己和与自己相关的人一个统称“我们”。团队的标准有：人与人之间的相互关系；追求一个共同的目标（个人利益和团体利益联系到一起的）；相互作用、相互影响、相互依赖（后卫没有作为，前锋也接不到球）；存在某种程度的组织形式，成员都有各自的角色和地位，都会产生价值观和准则。

从消极因素分析，在群体中迷失是因为自我状态的削弱，做出下意识的举动，是被周围人影响的，因为在群体中自己是无名氏，是不用负责的；这种情况很容易迷失自我，产生反社会行动；教练员要做的就是不要让这一切发生；教练员要有自己的责任意识，促进球员之间相互帮助，使这个集体更好。

所以在球队的训练和管理中，教练员要明确和强调团队的作用，不仅在球队生活中可以锻炼，团队生活以外也能培养这种感情，增强凝聚力；教练员要创造至少两名队员相互依赖的这种情景。这样的心理关系会对训练和比赛有很大的促进作用。

（七）团队建设、管理和领导

1. 团队的概念

一个团队可以被定义为两个或两个以上组成的，可以相互影响，他们给自己与自己相关的人们赋予“我们”这个词，互相有关联的。团队的标准包括：

①是团队内部人与人的相互关系，如足球队内的关系；

②追求一个共同的目标，个人利益和团队利益结合在一起；

③相互作用相互影响；

④存在某种程度的组织形式，成员都有各自的角色和地位，都会产生价值观和准则。

团队可以分成两大类：

①由少数人构成，能保持长久的关系，如家庭、朋友；

②人数更多的会有共同目标，会采取共同行动。如各种体育俱乐部（对教练员来说是一个艰难的任务，要把团队的第二类型发展为第一类型的团队，要靠潜移默化的行为去影响团队）。

2. 团队管理的三个阶段

团队的人性化管理可以分为三个阶段：准备时期、团队建设时期、引进新运动员阶段。法方讲师介绍自己所带的团队队员为13～14岁的学生，认为人性化管理的主题不分国界。各种角度去看待自己的队员是很重要的，团队人性化管理包括组织程序、管理、团队、引员。

团队是由不同角色的球员组成的，他们被赋予了相应的位置及应该完成的任务，球员拥有其各种不同的能力，每一个赛季都可以重新组队，更换球员。举例：A. 不同时期的队员是不同的。B. 我有两个团队，都各有30名成员，每个人都赋予的责任是不同的，比赛中角色也不同。团队球员在不断比赛中会提高自己的能力，因此才会对球员有更深入的理解；明确准备的团队及其职责，赛前一般需要4～8周的准备期，准备期长短与队员年龄组有关，举例说明：定期对队员进行各种测试和以往的测试结果对比有无提高，便于更有针对性地安排以后的训练计划。准备期一周至少需要三堂训练课，周末两场比赛，一个月5～7次比赛。通过准备期让队员身体恢复到比赛状态。引进新队员，一般上个赛季结束后就可以开始准备。填写表格对队员进行测试。提出目标，制订计划。

3. 球员的个性分析及团队管理

将球员的性格可分为四种类型：

(1) 高智商型

个性：视野宽，聪明，爱提问题。优点：知道做什么。举例：如果自己一场比赛踢得很好，不会自己夸自己，很谦逊，能够控制自己的情绪。缺点：容易受到其他队员的排挤，对训练和管理的要求较高，过于低调使人不容易发现他的潜力。管理：给他一定的权利，主动去征询他的意见，因为他在队伍中的影响力很大。

(2) 易怒型

个性：往往很难管理自己的情绪，不能集中自己的注意力，做事容易极端化。优点：在队伍中能激励其他队员，尤其在比赛中，能激励队员，往往无惧困难。缺点：他们总是喜欢质疑，质疑队友，质疑教练，容易引起冲突，如果他不喜欢踢球，很难激起他的兴趣。管理：奖惩分明，让其主动服从规则，在场上，即使他表现得再好，如果犯错，也让他下场。

(3) 外向型

个性：热情，社交型球员，和球队的每个人都保持良好的关系，是球队的开心果，激励其他心情不好的球员。优点：乐观，擅长缓和球员中的消极情绪，是教练员和球员沟通的桥梁，他们往往把比赛看作一场游戏。缺点：没有严谨的态度，不大遵守训练的规矩，训练中容易受伤。管理：赋予他帮助他人，激励他人的一种责任，能够接受当替补，在旁边看，让其感到存在感和责任，他带来的快乐对球队很重要。

(4) 野心家型

个性：好胜心强，完美主义者，对自己的要求很严格。优点：更加有往前冲的劲，想要更多的建议，对自己要求非常严厉。缺点：对别人要求高，苛责他人，胸襟小。管理：对自己的要求高，更加合理定自己的目标，将个人目标和团队的目标相结合，通常赋予他特殊的责任，如比赛中踢球点球，有缺点让他说出来，甚至和别人比较。

讲师分析：谈到团队管理，首先要考虑到球员的个性，作为教练员，要了解每一名队员。组建一个团队，要善于将各种类型的球员融入到一个团队，形成团队凝聚力。

4. 组建一个新队伍的七个关键点

照顾好自己，比赛前，教练员要劳逸结合。例如整个 7 月份都在训练、做计划，可抽出两周的时间和家人度假旅游，看看好的风景；花时间对球员进行诊断，包括他的父母、家庭、之前俱乐部的情况等；行动的力量大于言语；立下规则，没有谁有绝对的权利；花时间制订全队的规则及训练计划；赛前将自己的理念告诉球员，例如有球时如何应对，无球时如何应对；要很好地和球员的外部环境（父母、俱乐部领导）做好沟通。如球员的技术怎么样，教练员要告诉球员，但如果球员的父母想知道，要问自己的孩子。

5. 如何选择队长

(1) 球队队长是什么样的人

具有领袖气质，这样的人天生就是队长；在球队中具有很多的权利，但是更多的是承担更多的责任；是队员与教练员之间的纽带。一名优秀的球队队长应该是球场上的典范，让球队更加具有效益，比赛训练中的身体力行者，在球队中有威信，并乐于倾听别人的意见；具有良好的沟通能力（成为一名优秀队长的关键因素之一）；在球队中技术能力突出；从不缺席，总是第一个踏上球场，最后一个离开，并能团结球队所有人的心，有批判的精神和自省能力以及质疑的勇气。

(2) 选拔队长的标准

个人的技术能力：在球队中个人的技术能力是关键因素；精神状态和心态：队长需要在不同的场合倾听队友、教练员、球迷的声音，并且能够鼓励队员，激发球队的士气；清楚明白地理解竞赛规则：队长就是比赛中的教练员，作为场上的教练员，必须具备良好的理解规则的能力，并能在某些情况下，利用规则；优秀的执行能力与领袖能力。

(3) 球队队长的职责

检查队员是否合格（能否达到上场比赛的条件），训练中队友有没有作弊的行为，热身时的领导者，场地的选择，通过自己的言行让队友注意力集中并快速冷静下来，安全地让裁判员离场，签署伤病通知单等。

(4) 选拔队长的一般方式

通过全队投票的方式，选择球队的队长。这其实不是一个很好的方式，有逃避负责任的嫌疑；任命三到四名队长，选择丰富，具有更多的存在感，可以在不同的场合，不同的情况下，做到教练员想要做到的事情；指定、直接任命队长。有的时候，指定或者任命的人选并不是最好的选择，指令式的选拔，会导致队长人选想做到最好，最后却一事无成。

6. 教练员对团队的建设

9～10 岁年龄段是学习技术战术基础和团队精神的阶段，教练员要注重发展他们团队精神，教会球员认识社会，孩子通过接触社会可以认清自己和其他人在场上的角色。在 14～15 岁阶段教练员通过心理培养提高球员的认识能力，可以使球员自我提高，与团队共进步，提高与团队的默契度，建立团队意识，有团队归属感，为团队努力表现。同在训练和生活中通过公平规则的设定让球员感受团队的重要性。在各个年龄的练习中教练员可通过场景与对抗练习、个人练习与团队练习逐渐增强球员们的团队意识。如4对4练习，失误两次的球员需要下场休息直到场上剩下一个人的时候结束，通过这个练习培养运动员的自信，同时也在告诉球员在球场上自己要为练习的团队担负责任，要保证训练的质量和团队的荣誉。又比如半场6对6练习，教练员要求队员练习中始终要向前，直到完成射门，鼓励队员学会整体推进，要做到整个进攻中球员一定要有合作意识，如有队员行动不一致，将达不到训练效果，通过类似的练习灌输训练中的团队意识。

7. 教练员和家庭对团队形成的作用

在10~13岁阶段，父亲是球员的榜样，球员也乐意表现自己给榜样看。所以父母应该承担好自己责任，做好榜样，家庭因素对孩子的成长是非常重要的。在家里要有一定的要求，孩子就会把这些养成的习惯带到训练中去，所以教练员就要考虑到孩子从家庭到队伍的改变，建立一个平衡，让孩子在队伍就像在家庭一样，有安全感，就可以在这样的环境下建立团队意识，教练员要考虑帮助孩子的方法和时机，就要判断孩子何时该自我，什么时候该考虑从大局出发。

8. 教练员如何执教年轻队员

教练员是领导者、指引者、专家和组织者，在球员共同进步的道路上陪伴他们，培养他们的责任意识。而球员是适应性的实体、参与者、创造者、战斗者。教练员必须要有权威，要与球员保持恰当的距离。教练员应该：

①解释自己做的事情，说到做到；

②设立规则并且要带头遵守；

③担负起责任；

④尊重每一名队员；

⑤教练员要以身作则；

⑥教练员适度鼓励队员；

⑦要一视同仁；

⑧保持热情的态度；

⑨要公正的对待每一名队员。

教练员应该进行如下自查：

①每月是否跟每名队员都谈过话；

②是否帮助到每一名队员；

③是否进行了训练场内外的双重投入；

④是否给队员建立一个进步和竞争的环境。

对于球员来讲，教练员的肯定最重要。教练员要观察球场上的情况，注意师生之间的提问和反馈，引导队员找到答案。区别要求与苛求的不同，好的要求会给球员支撑，能考虑球员的优缺点，能引导球员进步，要保持恰当的压力。同时使球员具有安全感，表扬他们付出的努力。教练员可利用球员犯的错误促进球员自我提高，在训练中要有存在感，但是不能太突出，在训练场上的要求既要严格同时也要热情，要遵守规则，规则要有标准，态度要端正。

（八）提高身体素质、健康饮食和伤病的相关知识

1. 提高身体素质

身体素质是人体在运动、劳动和日常活动中，在中枢神经调节下，各器官系统功能的综合表现。身体素质包括五方面：速度素质，是人体在单位时间内移动的距离或对外界刺激反应快慢的一种能力；力量素质，是身体某些肌肉收缩时产生的力量；耐力素质，是指人体长时间进行肌肉活动和抵抗疲劳的能力；灵敏素质：是指迅速改变体位、转换动作和随机应变的能力；柔韧素质，指人体活动时各关节肌肉和韧带的弹性和伸展度。

⑴ 速度

速度在足球场上是非常重要的，速度是力量的一种体现。提高速度能力有一定的难度。速度既体现在小碎步的频率上，也体现在步幅上。频率取决于神经系统，步幅取决于力量。神经系统的发展促使机体快速反应。速度包括反应速度、动作速度和位移速度。

个体通过听觉、视觉、触觉等方式获得信号，传至大脑，对肌肉发出指令，从而产生运动。即获取信息→反应时间→做出决策。反应速度独立于其他速度之外，受先天因素的影响大。有些儿童的反应速度天生就很快。反应速度快，做出决策的速度就快。在足球比赛中，如果一个队员反应速度快加之技术出色，可媲美于速度很快的球员。速度训练应该在身体不疲惫的状态下进行练习。运动员疲惫时，不能做强度很大、量很多的速度练习。在一系列的冲刺训练中，运动员如果速度变得很慢，可以立即叫停，因为再训练已无意义。速度需要“质”的训练。

⑵ 耐力

耐力即是有氧运动能力。每个人的潜力都是不一样的，在跑动的过程中所能承受的强度也是不一样的。训练刚开始时是小一点的运动量，但必须逐步提高运

动量，能力的高低决定了单位时间内跑动的距离更长和单位距离内用时更少。耐力与血液循环系统和呼吸系统的机能有关。

耐力可以分为：

①最大耐力。以最大心率的85%对应强度可以激发队员的耐力潜能，可以看成是队员高强度运动的能力。以最大有氧速度的90%～120% 来安排强度进行训练。

②专项耐力。对应最大心率的75%强度的训练，可以增加肌肉的糖元储备，增加线粒体和体积。线粒体是发展耐力不可或缺的元素，它可以使血红细胞更多地储存氧气；最大心率范围150～170次/分。以最大有氧速度的75%～85%进行训练。

③基础耐力：对应最大心率的65%强度的训练，满足体能训练基本的强度要求；强度较小，会增加基础细胞的含量，不能过多地训练。

耐力训练目的是进行体能储备，从而使运动员在单位时间内能释放出的最大能量。耐力训练一般有两种方式：持续性练习和间歇性练习。

(3) 力量

肌肉是由中枢神经系统控制的，无论做任何动作都由大脑发出指令。肌肉中有许多肌肉纤维，每一条肌肉纤维都是跟神经元联系的。肌肉具有三个特征：收缩性、延展性和弹性。要获得和增强力量，就要让所有的肌肉纤维同时运作，那样获得的力量较大；训练时应该让每一条肌肉纤维都要得到锻炼。同时给所有的肌纤维下达指令，让全身运动起来。例如，有三条纤维，在神经下达指令时必须要求三条纤维同时参与，不能分先后。接下来要做到协调性，完成一个动作的过程中，有收缩的就有拉伸的，有做功的就有休息的。肌肉收缩的形式包括：等张收缩、等长收缩；向心收缩和离心收缩等。

1) 力量训练的年龄特征。12岁、13岁之前不做单一力量训练，只做弹跳；不跳栏架，只是跳标志圈，肌肉运动式的锻炼；不要有负荷（负重），因为他们正在生长发育期。14～15岁可以做俯卧撑，半蹲的静力性力量练习；15～16岁，单一动作重复多次，15次为一组做3组，强化肌肉结构是为了后面的负重力量练习做准备；16～17岁可做最大力量的50%的速度力量练习；也可进行最大力量的70%～80%的力量练习，例如单组6次，可做4～6组的力量练习，属于耐力力量；16～18岁结束耐力力量的练习，开始全面调动肌肉的三个方面；15岁时不要负重，可以有器材，例如引体向上；16～18岁都要进行既有向心又有离心的力量练习；16岁是耐力力量，跳一些栏架；18岁是速度力量。

2）肌肉力量类型及训练安排。

表 2 肌肉力量类型及一般训练安排

力量类型	强度（最大负荷量）	重复次数	组数	休息时间	效果
耐力力量	30%~35%	12~15	3 组	30 秒 ~1 分钟	锻炼肌肉的耐力
速度力量	55%~65%	8~12	3 组	1~2 分钟	肌肉会长大，肌纤维增粗
最大力量	70%~80%	1~6	3 组	3~5 分钟	增长肌肉力量

(4) 灵敏

灵敏是指从头脑发出指令，身体跟着指令运动，是智力和身体的执行力相结合。教练员应尽可能采取逐渐增加复杂程度的练习方式，也可以通过改变条件、器械、器材等方式增加技术动作的复杂性和难度。同时，还应着重培养和提高运动员掌握动作的能力、协调能力、反应能力、平衡能力、观察能力、节奏感等。可以通过协调性和同步性、灵敏度、平衡力、节奏感、小碎步组合练习和运球组合练习等方式提升。

(5) 柔韧

通过慢跑和拉伸来锻炼柔韧素质，是指关节活动的幅度及相关肌肉、韧带等软组织的伸展性和弹性。提高柔韧素质的方法：有静态拉伸和动态拉伸，主动拉伸和被动拉伸。

2. 健康饮食

营养成分见表 3。

表 3 营养成分表

	组成	作 用
营养物质	能量营养物	碳水化合物（糖），此种以糖为主的碳水化合物分为两类：一种是能够快速补充碳水化合物的食物，如蜂蜜、果酱等 一种是慢慢补充碳水化合物的食物，如米饭、面条等。人体中每升血液中含有 1 克的糖
	蛋白质	肉类、鱼类、蛋类、奶制品，可以增加肌肉的重量和体积，增强肌肉的性能，有助于受伤后快速的恢复

（续表 3）

	组成	作　用
	脂类	很难利用，进行有氧运动超过 25 分钟之后，才会利用脂类，消化时非常困难，避免在比赛临近前的摄取，主要是黄油、奶酪、奶油等
非营养物质	维生素	维生素 A、B_1、B_2、C、D、B_{12}，缓解压力，帮助恢复，避免受伤，维生素有水溶和脂溶的，维生素主要存在于食物、水果、蔬菜等
	矿物质	钠、钙和磷，对人体机能有着重要的作用
	微量元素	硒、铁、锌、镁，对人体机能有着重要的作用
水		最重要的，每天人体至少需要补充 1.5 升的水

食物营养成分见表 4。

表 4　食物营养表

蛋	富含蛋白质
鱼	
肉类	脂肪含量高——猪肉、羊肉
	脂肪含量低——小牛肉
	两者之间——牛肉
奶制品	带来蛋白质，可以维持身体良好的状态；富含钙，维持骨骼和牙齿的硬度，包括酸奶和奶酪
蔬菜	会带来碳水化合物，维生素 B、C、矿物质、水
碳水化合物	为大脑和肌肉提供能量，包括面包、米饭、土豆和豆类
水果	纤维，维生素 A、C

运动员的科学饮食见表 5、表 6。

表 5　运动员科学饮食表

正确做法	在赛季开始前，要进行高强度、有规律的训练，是为了储备更多的肌糖原
	长时间有氧运动，是为了增加体内的氨基酸，需要配合良好的饮食结构
	比赛临近，要补充大量碳水化合物，慢吸收的碳水化合物，减少训练量，保证睡眠
	赛前少量多次的补水
	赛后要补充水分和碳水化合物

(续表 5)

不正确做法	为了让自己变得更强壮，多吃肉
	为了提高自己的表现，过多摄入维生素
	饮酒
	赛前吃得过多
	离比赛很近的时间就餐
	赛前 20 分钟喝含糖量很高的饮料
	赛前吃橙子、柠檬等酸性水果
	口渴的时候才喝水
	忽视饮食和饮水的重要性
	用一些片剂的药

表 6　运动员饮食安排

时机	原　则
早餐	奶制品、面包、黄油、谷物、水果或果汁
中餐	冷食（黄瓜、西红柿、蔬菜）、200 克肉类（鱼、鸡）、400~500 克淀粉类（马铃薯等）
加餐	奶制品、谷物或香蕉
晚餐	冷食（黄瓜、西红柿、蔬菜）、200 克肉类（鱼、鸡）、400~500 克淀粉类（红薯等）
比赛前一天	碳水化合物 65%~70%，蛋白质 10%，脂类 15%
比赛当天	（原则：至少赛前三小时进餐）：水和含糖的饮料、功能型饮料（避免酸性的饮料，会给消化带来问题）
	注意补充吸收慢的碳水化合物，少吃脂类和纤维（蔬菜）、奶制品
比赛结束	立即饮用含糖的饮料，来避免低血糖；饮用带气泡的水 1 升，减少体内的酸度；普通的水 2 升，来补充体内水分的流失
	半小时后可以用餐，要补充大量吸收慢的碳水化合物，限制肉、鱼、蛋的摄入，要有充足的水分

3. 运动员的伤病与恢复

运动员的伤病恢复见表 7。

表 7　运动员伤病恢复一览表

<table>
<tr><td rowspan="5">病理学</td><td colspan="2">由于身体成长带来的疾病</td></tr>
<tr><td colspan="2">骨骼和关节的病变</td></tr>
<tr><td colspan="2">脚踝方面的病变</td></tr>
<tr><td colspan="2">肌肉和肌腱的病变，包括肌肉的痉挛与撕裂</td></tr>
<tr><td colspan="2">膝关节的病变，特别是膝关节周围的韧带病变</td></tr>
<tr><td rowspan="3">种类</td><td colspan="2">肌肉受伤：35%~45%　扭伤：20%~25%　肌腱受伤：4%~7%　骨折：5%~6%</td></tr>
<tr><td colspan="2">软骨受伤：3%~4%　脱臼：2%~2.5%　半月板：2%~2.5%　微创受伤：5%~7%</td></tr>
<tr><td colspan="2">肌肉群：股四头肌：30%；内收肌：15%；大腿后群肌 35%；小腿三头肌：14%</td></tr>
<tr><td rowspan="2">恢复时间</td><td colspan="2">膝盖受伤：16~65 天　脚踝扭伤：19~44 天　骨折：32 天</td></tr>
<tr><td colspan="2">膝盖前、后十字韧带（交叉韧带）：180 天；肌肉受伤：（视严重程度）12 天、18 天、26 天、56 天</td></tr>
<tr><td rowspan="3">恢复</td><td colspan="2">因素：韧带受伤使关节活动范围变小；肌肉受伤使肌肉力量减小，关节的松弛度受到影响，受伤严重需要做手术，受伤后肌糖原减少，至少需要三天肌糖原才能恢复</td></tr>
<tr><td colspan="2">效果：肌肉力量、心血管和新陈代谢都会减弱，心血管方面，心率会降低，心脏的血液输出也会降低；新陈代谢方面，碳水化合物的消耗量会增加，肌糖原的百分比也会降低，肌肉力量会减弱，肌肉内部的能量也会减弱</td></tr>
<tr><td colspan="2">重新恢复训练:在受伤的愈合阶段，如果受伤部位没有疼痛，就能恢复训练 如果依然感到疼痛，就不能训练</td></tr>
<tr><td rowspan="6">实施步骤</td><td rowspan="2">跑步</td><td>伤后恢复第一天慢跑 10 分钟，每天增加 5 分钟，第五天就是 30 分钟</td></tr>
<tr><td>间隔训练，快速跑 3 分钟，休息 3 分钟，冲刺跑 15 秒，休息 15 秒
法特莱克变速跑</td></tr>
<tr><td>小碎步</td><td>通过障碍物、绳梯、标志圈来完成，4~10 个练习内容，重复 2~4 次</td></tr>
<tr><td>有球的练习</td><td>让队员找回球感，有很多练习形式，如对墙进行练习，练习 30 秒，休息 30 秒。如果恢复情况良好，可以练习 1 分钟，休息 1 分钟</td></tr>
<tr><td>弹跳练习</td><td>在垂直的角度进行练习，比小碎步的练习强度更大，跳标志圈或障碍物，水平跳跃、纵向跳跃，弹跳练习结束后，再进行一次有球训练</td></tr>
<tr><td>上下肢力量的练习</td><td>下肢力量在上午进行，上肢力量在下午进行，也可以是肌肉的循环练习。还要进行腰腹肌的练习</td></tr>
</table>

（九）法国足球的不同机构和组织形式

1. 法国的行政区划划分及人口概况

法国国土面积 552000 平方公里，有 22 个大区、99 个省，以后将会合并成

13 个大区，人口 6631 万，其中 20 岁以下，16372546 人；20～64 岁，37760355 人；64 岁以上，12185093 人。2012 年数据显示，法国人平均寿命 82.57 岁，男性平均 80 岁，女性 85 岁。

2. 法国的体育运动

法国国内各协会有运动员 1800 万人，但是三分之二的人不属于协会，他们出于兴趣和健康目的从事体育运动。法国共有 200 万个足球运动员，1084 个球员进入职业俱乐部。40 个俱乐部，甲级 20 个，乙级队 20 个。

法国第二大运动协会为网球协会，有球员 100 多万；第三大协会为骑马协会，有队员 69 多万人；第四大协会为柔道协会，有队员 63 万人；第五大协会为篮球协会，有队员 53 万人。

3. 法国体育组织的历史发展

法国的体育组织有 50 年历史，法国的运动部门把职责委托给运动组织机构来管理。职业运动联赛门票收入要捐献一部分给业余运动组织。

20 世纪 80 年代初法国有两大参与者：一个是体育服务机构——国家教育部、体育部。另一个是个单项协会和国家奥委会。

20 世纪 80 年后出现了第三大参与者——体育公司（提供部分装备和服务），体育变为了市场经济，更具商业化。

法国是由市政提供比赛装备和费用。比如波尔多的足球场修建费用一部分由国家政府出资，一部分由波尔多俱乐部出资。

1982 年以前的体育设施都由法国政府出资，1982 年以后法国政府就很少出资修建体育设施，每个城市根据自己城市的需求进行建设体育设施。市政府建设体育设施必须根据市民的意愿来修建。

4. 法国体育组织的三大组成部分

①非商业化非政府的组成部分。

②商业化非政府的组成部分。

体育公司提供一些服务或组织一些赛事。不光针对注册人群，也针对非注册人群。也有一些体育经纪公司对注册运动员进行转会。

③社会体育组织。

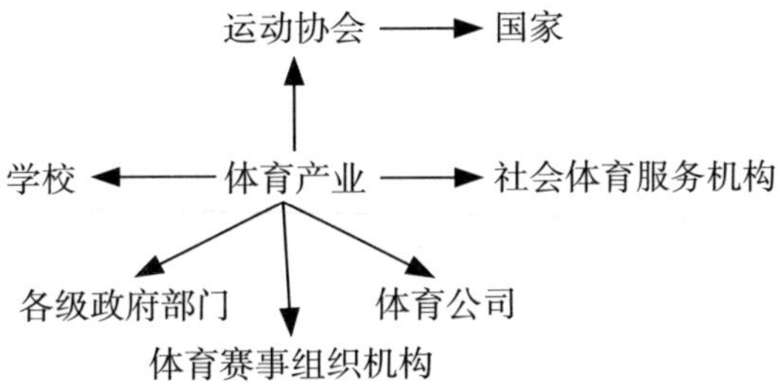

图 1　法国的运动参与者和机构

注：国家负责协会的管理，但协会有一定的垄断性。私人机构有盈利的目的，比如建立场馆，进入场馆要付费。

体育部门分为非营利性私人体育部门：如国家、地方的协会等；营利性私人体育部门：职业俱乐部、不同性质的公司等；公共体育部门：各部委、各地区行政机关。三个部委机关包括：运动、青年城市部；高等教育部、国民教育部和内务部。

5. 法国体育活动的政策

50 年来有两个基本原则：一是国家指定机构代表来管理体育事务；二是协会之间的团结，业余体育活动与职业体育活动之间的协同配合，包括资金等方面。直到 80 年代法国体育活动有两大参与者：一是国家部门，二是国家部门外的另一个体系，包括奥林匹克委员会、专业的协会等；奥委会会组织高水平训练比赛。法国 1982 年出台一个政策：中央权力下放，地方行政机关可以管理体育事务，后来私人企业介入体育活动。例如：成立地方体育组织机构、地方拨款建设体育设施，私营企业赞助体育活动。

6. 法国足协的组织结构

(1) 法国足协概况

法国足球协会成立于 1904 年，同一年国际足联在该国正式诞生，法国足协属于政府部门管辖的协会性机构，其使命是“为公众服务”。具体任务是“在法国领土上组织、发展和监督法国足球运动和足球教育”。主要职责是制定与足球有关的一切规章制度，监督这些制度的实施，组织和管理比赛，发放比赛许可证和各类证书及各类级别比赛的奖杯、奖牌或奖状等，培训足球运动员、足球运动领导人，技术人员、包括教练和裁判在内的负责足球教育的人员，全力推广和发展足球运动。

法国足协被视为法国足球的发言人，在国际各种体育机构中、体育比赛中和世界体育组织中代表法国足球。法国足协由国家派出的人员依照“为公众服务”的宗旨工作，其规章制度都符合体育和青年部制定的各种条例和规定。

法国足协根据每年签订的合同可以在“伙伴框架”内，得到赞助和资助。它每年得到政府的补贴，并受到国家审计法院的监督和稽查。

法国足协是法国最大的体育运动协会，目前拥有 215 万足球俱乐部或协会注册会员，其中经常踢足球的人有 190 万人。现有职业足球运动员 1000 人，但是把足球作为娱乐活动，不参加各级比赛的人难以计数。法国足协管辖内的酷爱足球运动的人（足球运动骨干）有 4 万人，在足球界领取工资的职工有 7000 多人，为足球运动业余服务的志愿人员有 35 万。

法国足协是法国奥林匹克运动委员会的成员，遵守奥林匹克运动宪章的各项规定，包括其领导人每四年改选一次的规定。女子足球参与者 75000 人，足协希望改变这一不足。包括巴黎、里昂、马赛、蒙彼利埃女足职业俱乐部发展较好，球员每月约 1 万欧元。成人足球竞赛体系，约 1000 人。

(2) 法国足协组织结构

管理委员会：主席、副主席、秘书长、财政总监，由 14 人组成，4 个办公室，其中包括职业联盟主席、业余职业联盟主席。包括两个大部：

1）技术部：

——球员发现和培训部，负责初级培训和发现优秀球员；

——技术研究部，负责研究如何才能提高运动员技术，提高训练效果；

——教练员培训部，负责教练员培训；

——项目拓展部，负责室内足球、沙滩足球、女子足球；

——国家级别运动员组织、选材部；

——宣传部，负责影像资料采集、宣传。

2）体育活动部：

——安全纪律部；

——场地、体育基础设施部；

——国家成人联赛部；

——国家青少年足球联赛部。

7. 法国足球联赛

国家级包括五级联赛：

——职业联赛，法甲；

——职业联赛，法乙；

——国家级：足协杯 / 法国杯；
——业余足球甲级联赛（CFA）；
——业余足球乙级联赛（CFA2）。

大区级别有四个级别的比赛（荣誉赛、大区荣誉赛、荣誉晋级赛、协会晋级赛），由大区足协组织。

省级比赛由地区足协组织。

8. 法国职业足球

(1) 职业足球俱乐部组织架构

法国职业足球俱乐部一般有一个委员会，下设九个分委员会，成员均无偿工作。俱乐部有四个行政部门，人员都是有工资的。

俱乐部：俱乐部主席、代表性总经理。

赞助商：M6电视台，买入整个俱乐部的股权，成为俱乐部的最大股东，拥有直播比赛的权利。

财务部：负责财务收支等工作。

经营部：组织经营活动。

运动部门（教练员组成）：培训中心部长、职业中心教练员。

(2) 法国职业俱乐部经费

1）工资水平

甲级联赛球员（男职业球员）：基本工资平均为45000欧 / 月（税前）、38000欧 / 月（税后）。例如，伊布为1800万欧元 / 年（税率为15%）。

法国乙级联赛球员：基本工资平均15000 ~ 20000欧 / 月。

教师工资为1500 ~ 4200欧 / 月。

18岁年龄球员有两方面的去处，签约预备队，他们前三年工资为：4480/5040/5600只能在CFA（第四级联赛）踢比赛；签约到法甲的球员，他们前三年工资为11200、14000、16800欧 / 月，可以踢法甲。

女足分为甲乙两级，甲级队有12支队伍，每月工资为4000欧，乙级为1500 ~ 2000欧。甲级最高的为12000欧 / 月。

2）俱乐部预算（部分）

①巴黎4.9亿

②摩纳哥1.6亿

③里昂1.15亿

④马赛1.05亿

⑤里尔 0.66 亿

⑥波尔多 0.55 亿

(3) 电视版权

①CANAL+　5.4 亿（2015—2020 年）。

②BEIN SPORT　1.865 亿（2015—2020 年）。

每年会根据俱乐部排名付给俱乐部版权费。

9. 法国大区足协组织机构

（以阿基坦足协为例）

管理委员会包括主席，6 个副主席，1 个代表副主席，另外 5 个为下一级代表，1 个秘书长，财政总长。所有这些人都没有工资，都是自愿行为。根据 1916 法律，组成议会，每个地区都会派代表参选，所有这些职位都是民主选举产生。

每个协会的技术人员是有拿工资的（8 人拿工资），会有大区技术协会，也会有大区技术委员长（也是本区技术团队的领导者，他是主要的协调者和组织者）；女足技术专员；还会有四个技术委员（他们的工作包括培训教练员，足球项目推广，发展足球事业等）；还包括训练中心主任；有专门的裁判工作负责人。行政团队负责比赛的安排，以及入会规则和协会注册工作，司法方面的工作。

阿基坦地区足协共有 26 个委员会，包括了法国足协的所有部门，包括社会事务、裁判、青少年、大区发展等 26 个委员会，这些委员的工作人员都是无偿工作的。大区发展委员会是起草政策计划制订，以及负责调研、跟进，将落实情况反映给最高领导——管理委员会。

阿基坦大区八个足协，吉隆特省共四个足球委员会，每个市（波尔多市）都有自己的足球协会，都属于 1901 年协会法产物，各省的足球委员会都是和大区机构都是相同的。

10. 学校体育运动的组织

(1) 法国的足球运动学校

法国的足球运动学校的学生年龄一般为 U7 ~ U13，当这些队员达到 13、14 岁时部分优秀队员会被选拔到 FFF 培训中心（波雷斯巴赫）进行培训，此中心由足协负责，比如克瑞珀斯训练中心。这类训练中心有针对男生的培训，也有针对女生的培训，他们各自分开（男生有 14 个训练点、女生有 7 个训练点）。进入 U14、U15 时，优秀队员会被选拔到各大区的精英运动组（全国共 19 个）进行训练。以上这些年龄段的学员在参加训练的同时也要上学，但是足协会跟国民教育部协商，不为这些孩子下午安排文化课以便于下午训练，为了更方便安排学习和训练，这些孩子也一般都选择在私立学校上学。此年龄段的俱乐部梯队有时也会请一些教师到俱乐部给他们上课，费用由俱乐部承担。

(2) 学校框架

学制：法国的小孩 3 岁开始上学，首先经过 3 年幼儿园，6 ~ 11 岁读小学（5 年制），12 岁开始读中学，法国的中学第一年叫 6 年级，第二年叫 5 年级，然后是 4 年级和 3 年级（4 年制）。高中为三年制，然后上大学。大学之前体育课是必修课。幼儿园和小学教师由市政府支付工资，此时学校没有专门的体育教师，初中和高中有了专门的体育教师，大学有专门的体育机构负责体育教育，大学体育课不是必修。大一体育课有学分，之后体育课没有学分，选择体育课完全是爱好（体育学院除外）。体育学院有本科 3 年、硕士 2 年、博士 3 年，体育学院主要培养教练员和培养初中高中的体育教师（少量的也会进入大学任教），体育学院还有康复训练专业、体育管理。

小学除体育课以外学生还可以参与小学运动联盟组织的各项活动，初、高中除必修的体育课以外也有国家中学运动联盟组织的各项活动，大学有大体联。从小学到大学每个阶段都有与足球相关的活动（如：由国家中学运动联盟组织的法国中学冠军赛，大学也有这样的冠军赛由大体联组织）。从中学和大学的联赛中选拔的队员可以参加欧洲的中学、大学的各种比赛。

体育协会：隶属于体育联盟。国家中学体育联盟主席是由国家教部部长兼任。学校校长就是本校体育协会主席。

大体联主席也由国家教育部部长兼任，往下还有大区到大学然后是各个协会。

小学运动联盟也是国家到大区到省到各个学校到各个协会。

(3) 地方行政机关与体育的关系

从 1982 年法国开始地方分权，这也赋予了各个大区、省、市自主性和权限，他们一般都会有各自的议会，在权限的转移中体育比较独特，体育活动、旅游业、文化行业的权限由三级行政机关共有。

大区议会介入体育的部分：①职业培训。②建立和管理体育医疗中心。③向体育协会提供支持（大区内的），也可以像职业俱乐部提供支持。④支持高水平的体育运动。⑤实施一些大区行的政策，帮助各协会的运作参与到各个培训中。⑥建设和管理一些基础设施，举办一些大型的体育赛事。⑦高中的体育设施建设和维护，支持体育比赛。

省议会在体育中的职能：①支持体育运动的普及。②体育活动的组织，包括体育协会的运作。③负责建设和管理初中的体育设施。④对全省范围内的体育活动提供支持。⑤发展贴近自然的体育活动（如划船这样的户外活动）。⑥成立“路线和空间”管理委员会（主要是管理户外活动，防止他们破坏环境）。

市议会：①支持当地的协会。②帮助体育活动的组织和管理主要指体校。③城市的体育设施建设和管理。④支持体育活动的组织。

法国共有17328个注册足球俱乐部。每个俱乐部大概有127个会员，有140个左右俱乐每个俱乐部平均有不少于40人。每个俱乐部平均有7支队伍，各有足球学校，全法6～13岁的孩子有60万踢球，足球教育排在学校教育和父母教育之后，每个孩子每年平均足球培训开销60欧，3.6%俱乐部20欧，26%俱乐部21～40欧。36.8%俱乐部40～60欧，17.5%俱乐部65～80欧，8.6%俱乐部85～100欧，每个俱乐部每个人要向国家交20欧。

业余俱乐部年度预算：有21.6%的俱乐部少于5000欧，有15.4%的俱乐部在5000～19999欧，有12.5%的俱乐部在20000～29999欧，有2.8%的俱乐部在30000～49999欧，有10.3%的俱乐部在50000～79999欧，有9.8%的俱乐部开销大于8万欧。市级行政机关会给90%的业余俱乐部补贴，补贴占预算的23%，有82%的俱乐部有自己的赞助商，其中50%的俱乐部会有在装备支持，72%的是金钱支持。在业余俱乐部有40万工作人员每周提供300万小时的工作时间（无工资），一个普通志愿者每周去俱乐部工作2.5个小时，俱乐部工作人员是每周12小时，俱乐部越大工作时间越长，对应工资是15亿欧元，他们就是因为热爱所以当志愿者，有24463个业余裁判，有33442个教练员，业余足球也会得到职业足球领域的帮助，大概每年会投入1.354亿欧元，有装备、有金钱、有交通工具。

11. 精英体育培训计划

精英体育培训计划主要由国家级培训中心负责。所有运动员在培训中心接受2年的培训，所有费用由法国足协支付。在培训中心中，运动员需要参加文化课的学习，并且日常训练以技术培训为主。在运动员处于U15阶段时，职业足球开始介入，这一时期，俱乐部的球探开始关注这些培训中心的运动员，并吸收引进至自己的俱乐部培训中心。在职业俱乐部培训中心没有进入高一级别队伍，还可以加入U系列的法国国家队。15岁以前，很难看出运动员的前景。32%的职业运动员没有在U13以前进入培训中参加培训，56%的运动员在13岁以前没有参加过大区选拔，64%的运动员14岁以前没有进入过大区代表队，但是75%的职业运动员出自培训中心。20%的运动员在12岁时接受俱乐部的培训，但俱乐部仅限于在本大区招收学员（天赋特别突出的运动员除外），20%的运动员在13～14岁时进入职业俱乐部，60%的运动员15岁以后才开始寻找俱乐部。

12. 法国足球教练员培养体系

想要在法国做一名足球教练员，首先要具备大区级教练员证书。拥有该证书可以执教 U9 ~ 成年的大区级别业余足球俱乐部。在完成所有大区级别教练员培训课程以后，可以报考 BMF 级别，一旦通过可以立即继续向上一级报考(BMF–BEF–DES–BEFF–BEPF)。拥有 BMF 证书可以在俱乐部担任俱乐部技术总监职务；拥有 BEF 证书可以执教大区级俱乐部；DES 证书可以在全国俱乐部执教；BEFF 证书可以在职业俱乐部担任青年队教练或国家级培训中心教练；BEPF 证书可以执教甲级和乙级职业俱乐部成年队。

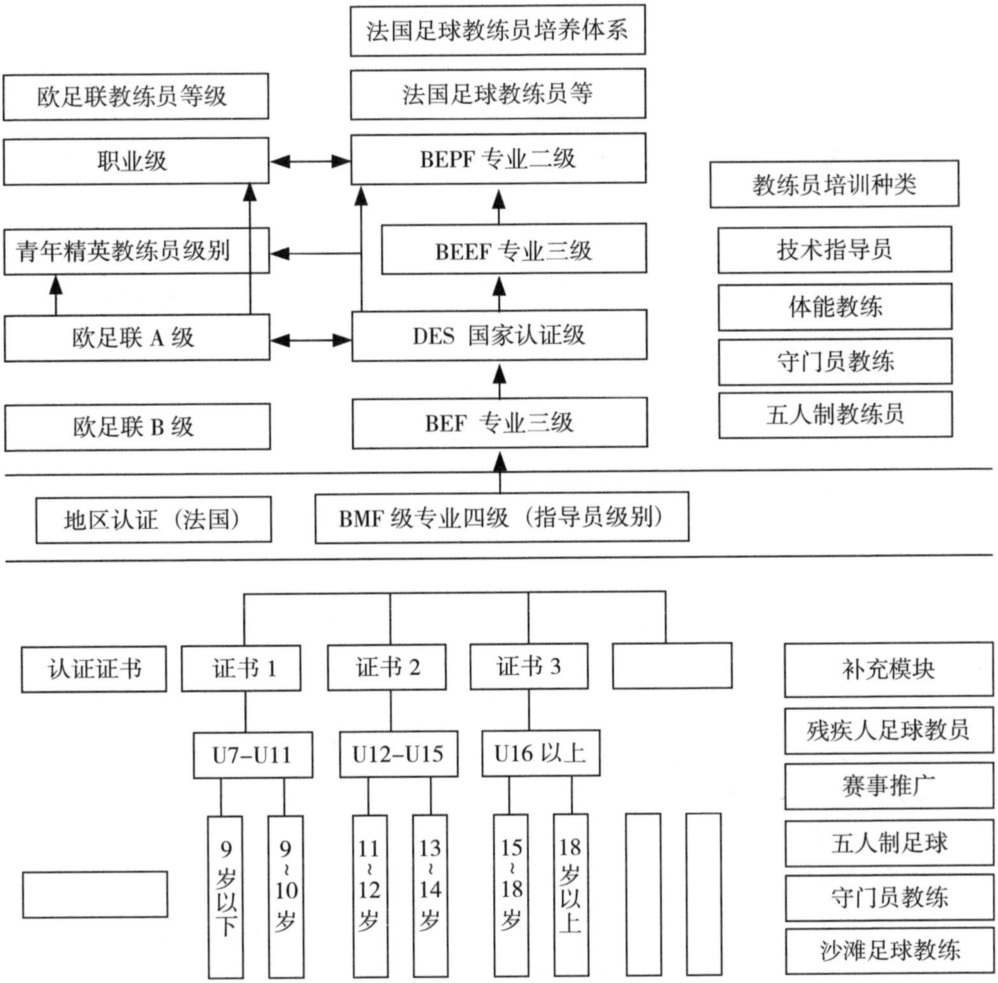

图 2 法国足球教练员培养体系

二、专业基础

（一）基本框架和概念

1. 运作框架介绍

法国青少年的训练基本从 U7 年龄段开始。初期在学校、足球学校和足球俱乐部，要经过近 7 年的技战术训练。然后进入 U14 ~ U15 的预培训阶段，也就是精英培训部。全法国有 19 个这样的精英培训部。全国还有众多的希望之星培训中心，也都在培训 U13 ~ U15 岁的孩子。这些孩子在这里培训 2 ~ 3 年然后就会有 50% ~ 80%被职业俱乐部选走。

全法国 U5 ~ U13 踢球的孩子大概有 60 万人。法国人认为父母对孩子的教育是第一位的，学校对孩子的教育排第二位，对孩子的教育排在第三位的就是足球教育。在法国一共有 17328 个注册足球俱乐部，这里有一半的俱乐部有自己的足球学校，这 60 万的踢足球的孩子就分布在其中，他们平均每人每年向俱乐部交纳约 60 欧元的费用。

法国的教育部门和足协要求 U14 以下的队员有专门的训练和文化安排，一边上文化课一边训练。U15 ~ U18 另有一套训练和学习方案。

以下逐一对各个组别进行介绍：

U7（5 ~ 6 岁）

比赛赛制为 5 人制。在比赛中不计比分，不计胜败。每周只有周三下午进行训练。每名教练员只能带 8 名小球员。训练上更加注重协调性的练习。

U9（7 ~ 8 岁）

比赛赛制为 5 人制，交流比赛，不计比分胜负。每周只训练一次，每名教练员只能带 12 名小球员。在训练中可以分为四块区域进行训练。学生轮换，教练员不轮换。

U11（9 ~ 10 岁）

比赛赛制为 8 人制，没有层级，由法国足球联盟组织的交流赛，也不计胜负。每名教练员可以带 15 名球员。训练中开始加强队员的耐力素质。场地扩大。注意培养攻防转换的意识，界外球开始用手抛。设置越位规则。

U13（11～12岁）

比赛赛制为8人制，比赛时间不超过1小时，越位线设置在中场线。周六下午进行比赛，可以与2～3个对手进行比赛，没有排名。训练中注重兴趣的培养。

U15（13～14岁）

比赛赛制为11人制，比赛开始进行排名。开始与俱乐部签合同，一般为3年。因为由8人制变成11人制，所以对队员的要求也就更高。需要队员的身体素质与智力更好。训练中逐渐开始进入专业的形式。

U17（15～16岁）

比赛赛制为11人制，开始进入梯队，续约可以领工资。相当于我国的高三年级，可以选择继续教育，也可以选择进入职业队。

U19（17～18岁）及以上

比赛赛制为11人制，18岁以后队员要决定是否要继续职业踢球。在成为正式俱乐部球员之前，一般要有5年左右的培训时间。

2. 与年龄相关的特点

(1) 6～9岁

1）心理特点：自主意识强、训练时需一人一球；注意力时间有限，最多集中8分钟；对于颜色的刺激最敏感；缺乏组织性，没有传球意识；孩子对别人的存在感不是很关注，只关注自身，有组织的集体活动较难；好奇心重，对新鲜事物都想了解；开始获得基础技术，战术的能力；有角色感；学习欲望强；把朋友当队友。

2）生理特点：孩子身体没有发育完善，孩子的身体形态，动作控制、协调性、移动、空间知觉和视野能力的构建过程是循序渐进的过程。成长的过程与基因有关，也和外在环境有关。到U8～U9时，反应能力增强，拥有更宽的视角，心理能力也有提升；身体协调性，平衡，移动，时空感觉，视野辨别能力都有提升，但不完善；性别差异小。

(2) 10～13岁

1）心理特点

由自我思维到客观思维的转变。会考虑到别人的感受，可以增加情景对抗训练。具有逻辑思维能力和批判思维能力。教练员可以询问队员对自己的训练质量有什么评价。

11～12岁的孩子有想了解、尝试和理解的需求。好奇心强，充满学习欲望，开始向其他人敞开心扉，开始承担责任。

队员喜欢纪律和公正。教练员设定规则，队员要有自律性。充分利用喜爱纪律的特点，培养队员遵守规则的习惯，有自律性。

自信心会受外界影响。13 岁的孩子虽然有为别人考虑的想法，但还是带有个人主义。在法国家庭中，父亲往往是孩子的榜样，家境的好坏也会影响到孩子的成长，一个良好家庭环境会使孩子拥有良好的自信心。

2）生理特点

身体动作会不协调，主要是应为身高增长过快。队员身高差异会加大，有的高有的低。U13 的孩子肌肉体积增加快，在训练之前必须要热身；器官功能增强，包括：呼吸、心肺等，要注重队员的协调性和运动机能的提升；男女在一起踢球，但是男女身体的差别还是有的。

(3) 14 ~ 15 岁

1）心理特点

抽象思维的开始，教练员说的理论方面的话能听懂，并能付诸实践。教练员对动作的演示减少，因为他们能很快的理解。

通过团队生活具备一定的社交能力（在法国特别强调通过体育运动提高孩子们的社会适应能力）。

在这个年龄段，孩子会把球队看成一个真正的团体，知道团体中同伴的重要性，集体意识增强，注意与团队合作。尽管他们在球队会有团队感，与朋友相处很好，但是他们在家里与父母会有矛盾。球员能认同和接受一定的纪律约束，但是时不时的会想违反一下。因此教练员开始就要制定好明确的纪律框架，在一定程度上约束他们。

因为与人交往逐渐增多，会拿自己与别人比较，在一定程度上失去自信。

因为有比较心理，他们互相之间会不宽容，互挑毛病。

球员在这个年龄处于一个非常复杂的阶段，面对着一生中很多的改变，会觉得很艰难。

身体情况会影响到孩子的心理，如身体发育不均衡。逻辑思维也会得到发展，分析比赛的能力会增强。这个时期教练员要注意锻炼身体协调性。

是价值观的形成阶段，人格的形成阶段，会主动寻求榜样。教练员要关注队员是否有抽烟酗酒等不良习惯，要给队员设定规矩，给予一定的指导，要让他们知道什么是公平公正。

2）生理特点

青少年早期。这个年龄是初中的最后两年，开始出现成人化特征，男女之间开始有约会。体内的荷尔蒙开始快速增加，软骨开始慢慢成熟，骨骼开始变得越来越坚硬。肌肉体积开始变大，身体的柔韧性比较差，开始注意韧带的拉伸。整个身体都在快速的成长，会出现不协调不平衡的状态，由于生长快会影响技术的准确性和身体的协调性。

10～11岁是技术保持平衡发展时期，14～15岁又开始进入一个新的平衡发展期，但是身体仍然比较脆弱。教练要注意训练前的热身，注意队员骨骼、肌肉的疼痛。执教这个年龄阶段的训练，教练员一是要警觉，二是要宽容。

比较叛逆，对成年人有反抗的心理，希望成年人认可，同时又有批判精神，喜欢出去玩耍。荷尔蒙激素比较多。仍在寻求一个模仿的对象，可能是父母、教练员。这个时期教练员要和父母搞好关系，给孩子有安全感，教练员要听孩子的想法并尊重他的想法。当这个孩子犯错的时候，教练要让孩子知道为什么犯错，帮助他们重新建立自信心。注意他们不好的习惯，如抽烟喝酒。

身体生长开始加快，有的时候发育不协调，有的个头长得很快。肌肉变粗肺活量也会加大。身体快速增长会带来身体的不适，教练员要注意孩子的身体不适状况。训练不要给太多的负荷量。主要练习小碎步、步伐的频率，开始拉伸练习，也可以从13岁开始拉伸。

(4) 16～17岁

能够具体执行教练员发出的指令；理性思维能力全方位发展。

孩子开始具备不同能力的特点，有些孩子对声音敏感，有些人对图像敏感，有些人需要教练员直接的示范，大家擅长理解的领域不一样；教练员要考虑如何面对不同的人传达自己的信息。

社会交往方面，能够很好的与伙伴相处，与家庭相处也没有之前那么混乱，冲突减少；心智变得更加成熟。

他们具备预判的能力，在比赛场上有预先判断知晓对手意图的能力；具备自我分析、自我评判的能力。

反感一切强加给他的东西。教练员在带队时要注意，提出的目标要是建议性的，而不是强制性的；教练员的工作是让他们进步，不能太过专制；做到所有的训练都是有意义的，所有的队员都是明白的，需要有解释的过程。

戴上了成年的面具，但还是一个孩子的心理，并没有真正成人。

3. 教育学和教练行为

积极教学法：教师尽力诱发学生的学习兴趣，使学习活动尽量成为学生持久的需要；教师根据学生的年龄特点，组织学生进行富有生气的学习活动去理解和掌握知识；尽量使学习问题的圆满解决，成为师生一致的目标。积极教学法十分注重设立教学情景。通过积极有效的语言、行为动作给予学生鼓励。所有的训练中都需要积极教学法。

指令教学法：是教师在课堂当中学生做动作时给予一定的指令，使学生能够在训练当中得到提高的教学方法，如纠正学生错误动作等。通常在技术技巧练习中使用。

针对不同年龄阶段的特点，教练员应该注意以下方面：

(1) 6~9岁年龄段教练员

①训练内容难度应循序渐进。

②强调观察周围环境。

③鼓励多接触足球、强调孩子提高触球频率。

④强调孩子对球的控制力。

⑤公平对待、规则明确。

⑥教练员的指导站位应能观察到场上整体环境。

⑦让球员展示自己的运动水平。

⑧球员多触球与进球同样重要。

⑨传球的力量和速度的把握。

⑩练习的重复性。

⑪技术与身体练习相结合。

⑫教练发现问题及时纠错。

⑬让这个年龄阶段的孩子变得不那么自私，让他们敞开心扉，学会合作与其他孩子一起配合训练，让他们产生责任感，提升他们的自信心。

⑭找到适合他们的训练方式，让他们遵守游戏规则，与队友进行配合，通过集体活动来强化他们的团队意识。

(2) 10~13岁年龄段教练员

①U13的训练时间不要太长，要短时间高强度、分模块、节奏强，中间注意休息。

②要避免体能训练和负重练习，要带球训练。

③使用主动性教学法。

④坚持心理运动技能的发展（平衡、空间、协调、时间、知觉）。

⑤这个年龄层段是发展基础能力的年龄，尤其是技术能力。

⑥遵守规则，促进集体团队观念。

⑦U10~U13的队员，一般不做头球射门练习，在练习的时候，球尽量软一点，而且练习时间短，大多数练习都是由手抛球来进行。

(3) 14～15 岁年龄段教练员

①尊重足球运动的规律，采用分段的训练，注意暂停和休息的时间，根据运动员的水平来调整训练（因材施教）。

②避免单纯的体能训练。注重结合球进行反应速度、耐力和柔韧性练习。

③使用启发式教学法。教练员要鼓励孩子，避免其犯错时或遇到困难时泄气或丧失信心。

④教练员坚持身体机能方面的发展，可以通过器材练习，如跳圈等。

⑤继续深入技术上的强化，尤其是运动中的技术，不要练习原地的技术，这个年龄孩子已形成标准化的动作，因此教练强调完成技术动作的速度。

⑥情绪和心理管理。注重团队精神，队友之间的友谊。

⑦继续加强反应力和小碎步的练习。

⑧结合有球的耐力训练。

⑨提高每周练习的次数。

⑩一定要仔细应对疲劳和伤病（注意观察，孩子是不愿意暴露自己的伤病）。

(4) 16～17 岁年龄段教练员

①遵守运动规则，多让队员去实践，指导时间要少。

②身体高速成长时期，避免体能训练，如果负重训练会造成受伤。

③在学习战术时采用主动教学法，不能告知队员答案，引导他们去主动思考解决。

④继续坚持对队员运动机能的提升。

⑤提升队员移动中的技术动作，适应比赛运用技术的能力。

4. 教育现状及实施标准

(1) 前期培训

6～12 岁每周训练一次（周三），周末比赛。

13～14 岁吃住都在俱乐部，上午上课，下午训练。

13～14 岁队员培训前期称为精英的培训。

法国只有 18 家俱乐部有培训前期体系（13～14 岁以前），这个体系是被法国足协和教育部认可的。

(2) 后期培训

后期培训包括 U17（地区级）、U17（国家级）、U19（国家级）。在法国规定 16 岁之前是接受义务教育阶段，18 岁以后队员要决定是否要继续职业踢球。在成为正式俱乐部球员之前要有 5 年的培训时间。后培训时期相当于预备队，预备队只能参加第四级别联赛。法国有 35 家俱乐部有培训中心。

(3) 实施标准

U6 ~ U7 训练目标

小学 1 ~ 2 年级。

训练次数：一周训练 1 次。

表 8 U6 ~ U7 训练目标

技术	最基本带球，控球
体能	没要求
集体	孩子都以自我为中心，无集体训练目标
心理	快乐和乐趣

训练时间 60min

第一部分（20min）：小游戏，带球门的，用脚踢。

第二部分（20min）：学校游戏，可以用手的，可以没有球门的。

第三部分（20min）：比赛（4 对 4，带守门员 5 对 5）。

U8 ~ U9 训练目标

表 9 U8 ~ U9 训练目标

技术	带球，控球
体能	直线的跑动
集体	如何团体进攻和防守
心理	快乐和乐趣

小学 3 ~ 4 年级

训练次数：一周一次，一周两次，交替。

U9 训练时间最长 70min

第一部分（10 ~ 12min）：小游戏。

第二部分（10 ~ 12min）：协调练习。.

第三部分（10 ~ 12min）：学校小游戏。

第四部分（10～12min）：技术练习。

第五部分（20min）：比赛，分两节，每节 10 分钟。

如果时间不够，可以省略技术方面的练习，比赛是必须进行的。

U11 的训练目标

表 10　U11 训练目标

技术	学习各种技术，加入颠球和带球中的假动作，合理的利用空间（宽度和深度）
体能	协调性，后退跑、横向移动、尽可能结合球来练习，为 U13 的带球做准备，启动和反应速度的练习
集体	怎么团体进攻和防守
心理	踢球的快乐和乐趣

U11 是进行八人制比赛，80%队伍采用 3-2-2 阵型，训练次数：一周两次。

U11 训练时间最长 80min。

第一部分（15min）：小游戏（4 对 4）。

第二部分（15min）：协调性练习。

第三部分（15min）：技术练习。

第四部分（15min）：根据训练主题的专门练习。

第五部分（20min）：比赛（8 对 8），分两节，每节 10 分钟。

U13 训练目标

表 11　U13 训练目标

技术	完善已经学会各种技术，加入长传和发力踢球的练习，假动作的完善和补充
体能	协调性，启动和反应速度的练习，结合球的耐力练习
集体	团体进攻和集体防守的原则：集体移动，选择正确的身体方位
心理	踢球的快乐和乐趣，加入了集中注意力的练习

小学 5～6 年级

训练次数：一周训练 2～3 次。

U13 训练时间最长 90min，周三训练内容如下：

第一部分（15min）：小游戏（4 对 4）。

第二部分（15min）：结合球的协调性练习。

第三部分（40min）：技术练习或根据训练主题确定的练习。

第四部分（20min）：比赛（8 对 8），分两节，每节 10 分钟。

离比赛时间越近，训练时间越短。

U15 训练目标

表 12　U15 训练目标

技术	继续练习各种技术	新加入头球，防守技术（铲球、对抗冲撞技术）
	重要是技术动作的质量和反应速度	
体能	协调性方面的练习	
战术（两年内学完）	进攻战术原则	防守战术原则
游戏或练习	练习中对抗人数不均衡	
心理	踢足球的乐趣，加入了严格性的要求和信心的树立，教练员要鼓励队员	

U17的训练目标

表 13　U17 训练目标

技术	加入对手，踢球位置不同的专门性技术练习	
体能	带球和不带球的练习，不带负重的肌肉练习	
战术	进攻战术原则 阵型开始变成 11 人制。加入了角球、点球、任意球的配合策略	防守战术原则
心理	加入了对情绪的控制	

U19 成年人训练目标

表 14　U19 训练目标

技术	强调技术动作的速度；面对不同情景下对技术动作的选择；根据踢球的位置安排专项的技术练习；大量重复的技术练习
体能	带球和不带球的练习；轻负重的肌肉练习（带负重的肌肉练习一般是职业球员）；柔韧性方面的练习

（续表 14）

战术	进攻战术原则 战术根据比赛对手的不同进行变化，训练时要练习不同进攻和防守的阵型来应对比赛	防守战术原则
心理	要听从教练的安排，执行教练的战术意图，不能随心所欲地去踢球；协调好踢球与生活中其他事情的时间，一定要找出时间加入训练	

（二）体能训练

众所周知，足球运动对运动员的体能要求很严格，体能对于足球运动员来说是一项非常关键的能力，在足球运动员的训练体系中，体能训练占据着很重要的地位。

U17 以下的足球运动员身体组织、器官、机能等各方面并未发育完全，正处于生长发育阶段，其中神经系统的发育速度快于运动系统，越小年龄的球员优先发展与神经系统紧密联系的素质，例如：协调、灵敏、反应力量、速度等，当然柔韧、身体的功能是伴随着球员的发展要始终进行训练的。同时，法国对 U17 以下足球运动员体能训练，不建议采用强化式、冲击式的训练手段来进行肌肉训练，要通过趣味性移动练习、克服自身体重的练习、技术练习、场景练习、对抗练习结合有球的训练来均衡地提高体能水平。

1．不同年龄段体能训练目标

表 15 不同年龄段体能训练目标

14 岁	15 岁	16 岁	18 岁
有氧练习 速度 柔韧、灵敏 核心力量 协调性 本体训练	有氧练习 速度 柔韧、灵敏 核心力量 协调能力 增强式训练 肌肉力量 本体训练	有氧练习 90%的最大有氧耐力 速度 柔韧、灵敏 核心力量 协调性 本体训练 肌肉力量 肌肉锻炼	有氧练习 速度 柔韧、灵敏 核心力量 协调性 本体训练 肌肉力量 肌肉锻炼 速度力量

2. 体能训练计划的制订

制订计划有六个要点：

①首先要了解足球。

从肌肉方面来说，高强度的肌肉锻炼会提高肌肉的爆发力；有氧耐力是重要基础；从体能方面来说还有一个速度的概念，如前锋应该速度很快才能完成进攻。这些方面在计划中都需要考虑到。针对不同的练习目标，要有不同的练习方式。

②要了解你的队员。

对于职业队员和业余队员的计划是不一样的，尤其在 14 岁、15 岁、16 岁、18 岁有着明显的差异，针对这些不同来制定计划。在计划中要注意到，体能、战术、技术训练都有一个疲劳期，学生都要上课还有作业和体育课，教练员要综合考虑到这些来制订计划。

③年度的计划包括体能、技术和战术。

举例：宏观循环 3~4 个月（9—12 月）；每个月是一个中观循环，9—10 月的前三个星期进行爆发力训练，每周练 2 次；9—10 月的第四周是恢复期（技术和战术练习），再下面一个星期是保持期。10—11 月的主题是力量；11—12月是速度；一个整年有两个宏观循环，圣诞季过后是第二个循环。跟前面的循环做的一样。每个中观循环 5 周时间。

④根据年龄来制定目标。

⑤周计划：一个微观的循环。

⑥每一场训练的一个规划。

3. 训练恢复

(1) 恢复的概述

训练和比赛都会消耗能量，消耗的多少取决于强度和时间，所有消耗都会对身体造成一定的影响，我们要在一定的时间内还原到原来的状态，这就叫作恢复。在进行规划时都要考虑训练和恢复两方面，如果这个恢复不完整或过迟都会很容易造成受伤。

(2) 恢复的两种模式

第一种是训练后自然恢复。第二种是通过个人饮食等生活习惯干预进行积极恢复。经常进行有氧练习可以促进恢复。

(3) 恢复的内容

①训练之后：ATP 和 CP 会下降，所以身体会消耗更多的糖原使运动继续。

训练之后人会疲劳，血液流量会降低，pH 值会下降（身体环境呈酸性），会产生较多的代谢废物，对肌肉产生劳损，对白血球也会产生影响。

②比赛之后：ATP 和 CP 也会下降，也会消耗糖原，身体环境也会呈酸性，会产生更多的代谢废物，体温上升，缺水，对肌肉产生劳损，会产生神经上的疲劳。

(4) 恢复的构成

①能量：运动消耗的 ATP 和 CP 要重新储备，所以要进行有氧运动进行恢复，当然 ATP 和 CP 也可以自然恢复。如果经过长时间的运动就要通过 48 小时恢复。

②新陈代谢：训练后，身体会堆积乳酸，体温升高，代谢废物增加，肌肉疲劳。首先要多吃含碳水化合物的食物，要多喝水，多喝带气的水（有点像苏打水，里边含有钠），还要进行跑步来恢复。

③神经和体液：首先是睡眠，在场地上可以做的是拉伸，另外还有冷热交替疗法（10 摄氏度左右水中泡 3 分钟然后进入 37 摄氏度水中泡 3 分钟）、放松按摩、蒸桑拿、沐浴疗法。

④心理：在比赛失败心情低落时或比赛胜利过于激动时都不利于恢复。当出现有攻击性，焦虑，表明心理疲劳，有可能处于过度疲劳状态，要及时与队员或队医沟通。

⑤恢复的原则

积极的原则：为了让整个人状态更好，比赛前 72 小时会有一场强度很大的训练，让队员疲劳，让队员在 48 小时稳定恢复，比赛时超量恢复。

⑥恢复的手段

补水、饮食、补充谷氨酸、冷热浴、补充氨基酸等。

4. 体能测试方法

(1) VAMEVAL 法

为了确定每一名运动员的体能情况，可以采用以下方法。如图 3（标志物：每一个间隔 20 米，跑道成椭圆形状；跟着磁带的节奏跑到下一个标志物，磁带中的节奏是在逐渐加快的）。这个练习为 3 分钟，速度大概是 8 千米 / 小时，休息 1 分钟，然后是 9 千米 / 小时、10 千米 / 小时的速度重复，半分钟为一个时间点，每个时间点有语言提示；依次进行，每次提示后都加快跑动速度。模式就是跑 3 分钟休息 1 分钟就再次开始。每次休息时要记录运动员的脉搏数据，队员心率下降的越好，说明恢复功能也越好，球员耐力素质越好。

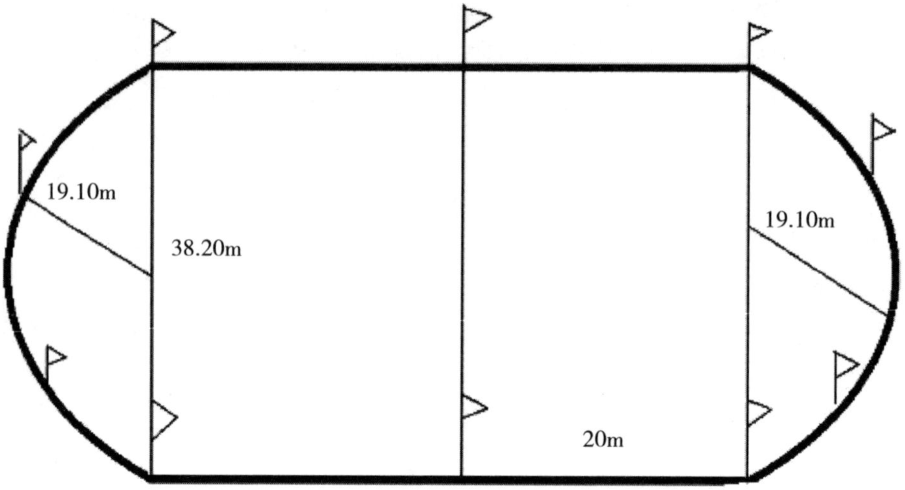

图 3　体能测试方法

(2) 最大有氧速度（VMA）测试法

场地布置同图 3。

方法一：队员分两组，以 A、B 两点逆时针同时开始沿场地计时跑 6 分钟。(测试矩形数据)

要求：记录运动员的跑动距离；测试结束，立刻监控记录运动员的心率；运动员休息 1 分钟后再次监控记录心率。

方法二：如图 3 场地上一共 10 个标志点，每个点上站一名运动员。

要求：

听仪器叫声开始测试，仪器两次叫声间隔之间规定运动员跑动规定的距离(标志点之间间距 20 米)，仪器叫声间的间隙时间会逐渐减短，运动员跑动距离不变。(测试三角形数据）测试结束马上监控记录运动员的跑动时速；测试结束马上监控记录运动员的心率；运动员休息 1 分钟后再次监控记录心率。

5. 不同年龄段体能训练方法

(1) U7 ~ U8 体能训练

该阶段儿童身体机能没有完全发展成熟，神经系统也未发育成熟。动作的控制、协调、平衡、左右协调能力、空间方向感、视觉的鉴别能力（如辨认敌我和色彩）都还在成长期。训练要从易到难，学习新内容的间隔要稍长一些，如果太快就容易失败并对学习其他内容形成干扰。要通过练习发展他们基础的运动能力。

练习案例：

体能目标：身体协调性、反应能力、观察能力。

1）颠球练习

组织：散点。

场地：10 米×10 米。

人员：8 人。

器材：足球 8 个。

方法：在一定范围内，队员进行颠球。

①三分钟惯用脚颠球。②非惯用脚练习。③惯用脚两次接非惯用脚一次。可以摆放标志盘防止碰撞。

要点：颠球时候脚面一定要绷直，大腿抬高，在初次练习可以用手辅助。

2）带球进入安全区

组织：场地区域：禁区前沿，25 米×25 米自由带球。

人员：9 人。

器材：9 个圈，5 红 4 蓝，4 个标志盘。

方法：球员在区域内自由带球，教练员发令后，迅速带球进入安全区。

- 弱势脚带球
- 脚内带球

- 外侧带球
- 交替带球

要点：观察，控制球权，身体协调，多触球，变速变向。

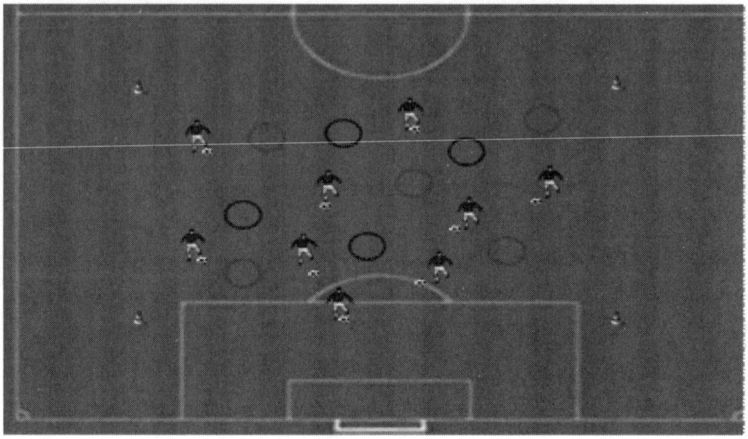

(2) U8～U9 体能训练

可以进行独立思考，身体还是比较脆弱但是可以增加一些有强度的练习了，身体控制、协调性、平衡性、空间等身体素质都有了一定的发展但不完全，男女差异比较小，可以一起踢球。他们还喜欢幻想，喜欢模仿。

练习案例

体能目标：开发运动技能，协调性、平衡、手脚配合、小碎步、抬头练习、增加运动经验，发展观察力。

1）多部位颠球练习

组织：散点。

区域：10 米×15 米。

人数：10 个球员。

器材：分队服 10 件，标志盘 4 个。

方法：所有人在区域内用不同部位颠球。

改变：右脚；左脚；膝盖；头颠球；球落地一次、双脚交替颠球；踩在球上面。

要点：单脚支撑颠球；保持身体平衡；脚背绷直、球不转；协调用力。

2）球圈练习

场地：5 米×10 米。

人员：8 人。

器材：球圈 10 个，两种不同颜色。

方法：将 5 个不同颜色球圈按图示摆放，黄色是左脚，红色是右脚，可以用小碎步来通过，也可以用跳。变化 1：将 10 个球圈排成两列，颜色随意打乱。

变化 2：折线摆放。

变化 3：两列相交摆放。

要点：出发到结束保持一个节奏，一旦孩子适应立即变换。

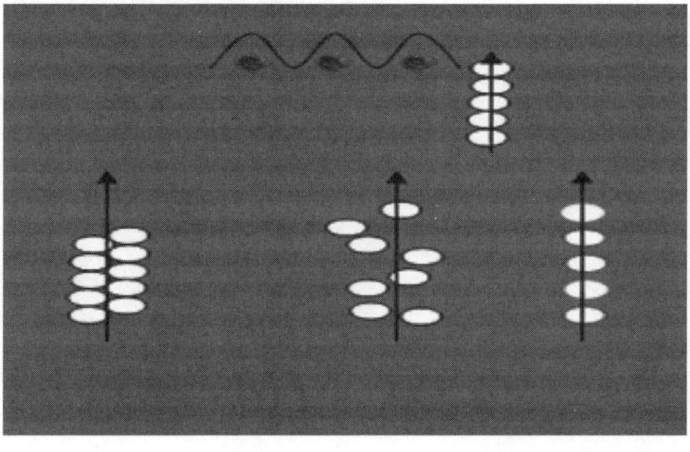

(3) U9～U10 体能训练

本年龄段不能过分强调进行速度和力量练习，强调协调性，提高动作效率，可以进行冲刺跑练习，但距离不超过 7 米。动作的速率强调通过有球和无球的练习来提高运动能力。培养运动节奏、平衡感，身体要灵活，可利用多种多样的练习方式。9 岁前是球员掌握技术的入门阶段，很重要，过了这个阶段没有掌握好将很难进步。

练习案例

体能目标：发展协调、灵活、反应、平衡能力，小碎步，运动节奏。

1）脚步练习

场地：10 米×20 米。

人员：8 人。

器材：标志盘 40 个，球圈 20 个，足球一个以上随机抽用。

方法：用脚前掌着地利用小碎步和侧滑步等方式通过标志盘球圈等障碍物，锻炼脚步移动能力和身体协调性。

变化 1：小碎步过球圈—侧滑步过标志盘。

变化 2：小碎步过球圈—侧滑步过标志盘—小碎步过标志盘—小碎步过球圈—前后小碎步过标志盘—8 字形过标志盘—前后小碎步过标志盘—S 形冲过标志盘。

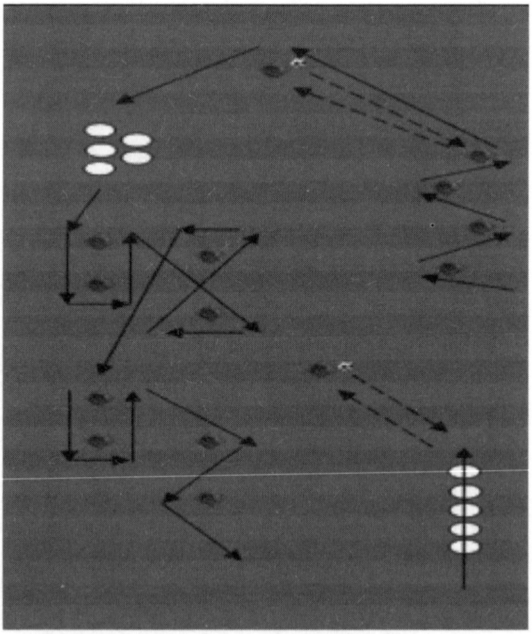

变化 3：在中间的单独标志盘处站一位队员 B，在侧滑步过标志盘后放置一个球，其他队员在通过标志盘时将球传给 B，B 两次触球将球回传，B 继续下面的练习，接球队员过来轮换，其他同变化 2。

要点：记住教练员的要求，过圈的时候注意抬头，侧滑步变向的时候注意外侧脚蹬地，注意小碎步的频率要快，一旦孩子适应了原来的节奏，要注意变化，比如标志盘的位置摆放，球位置的设置等。

2）听信号定位

场地：如下图所示。

人员：8人。

器材：标志盘10个，四色。

方法：两名队员站在中间标志盘，脚前掌原地小碎步。

变化1：教练喊颜色，球员迅速跑到两个标志盘中间的小门。

变化2：两个人手搭手，手在上的拍一下选个颜色跑过去，手在下的队员要去抓手在上面的队员。

变化3：听教练员的指令跑反方向。

要点：注意力集中，反应要快。

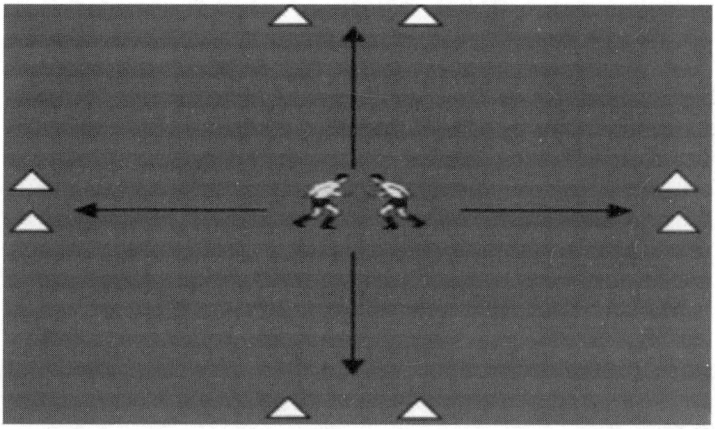

(4) U10～U11体能训练

身体刚开始发育，比较脆弱，训练时要注意安全。只能做简短的练习，可以有一定强度。提高运动能力，如跑动等，要通过带球训练，尽量多与球接触，不能用无球训练，此时的无球训练是不科学的。尽量让孩子体验踢球的快乐，孩子无法通过踢球感受到快乐时是教练的最大的失败，没有兴趣是最严重的问题。此时期男女生的差异比较小，男女生可一起踢。

练习案例

体能目标：提高运动能力，速度、反应、耐力。

1）美国圈

组织：如图。

场地：25 米×25 米的场地，中间是直径 18 米的中圈，中圈外设置 8 个小门。

人员：8 人，4 红 4 蓝。

器材：16 个标志盘，8 红 8 白，8 个球。

方法：每两个标志盘间隔 2 米摆成小门，每个小门各站一名相对应标志服的队员，另外 8 名队员圈中间持球。

方法变换

方法 1：教练员发令后中间的持球队员进行运球，然后把球停在相同颜色球门前的圆圈线上，换人继续带球轮转（6 分钟左右）。

方法 2：脚内侧带球，到相对应的球门前进行传球，传完球之后轮换继续。

方法 3：继续脚内侧带球，然后传球轮换，在轮换过程中传完球的队友进行上肢伸展，侧滑步，后踢腿，高抬腿，后侧滑步（20 分钟左右）。

方法 4：控球接球队友站在小门后面 3～4 米，在小门后面接球，向小门两边停球，脚内侧、脚外侧停球。

方法 5：控球者从小门中间传球，并接回传球继续带球，继续找其他小门做配合。

方法 6：控球者从小门中间传球，接球者用脚内侧或者脚外侧和控球者做 2 过 1 撞墙配合。

要点：观察，多触球，占据空间，一直在移动，接完球加速带球。

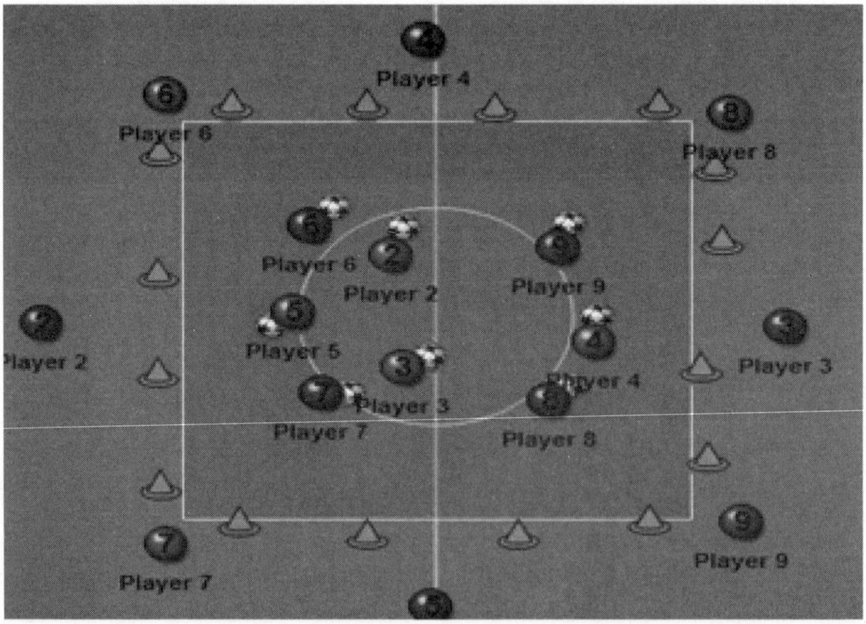

2）运球

组织：如下图。

区域：10 米×20 米。

人数：共 10 人。

器材：标志盘 4 个、球 10 个。

方法：所有人在规定范围内持球左右脚运球；双脚拉球；运球，听到口令，停下来找别人球，继续运球；运球的同时抢他人的球，被抢断了，下场休息，其他人继续，直到只剩一个人。

要点：协调用力；护好球；观察；保持平衡；保持节奏；保持移动。

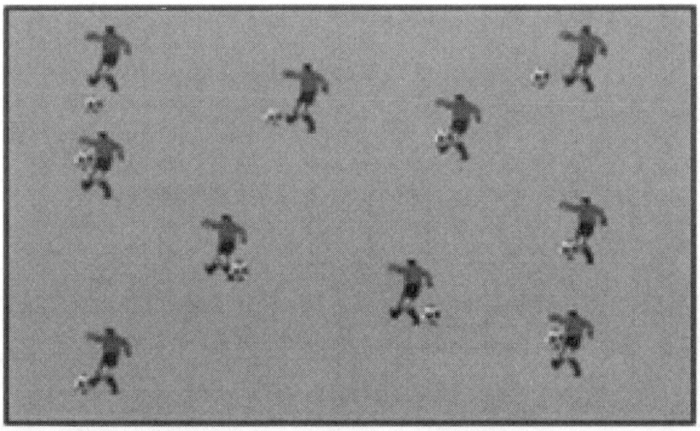

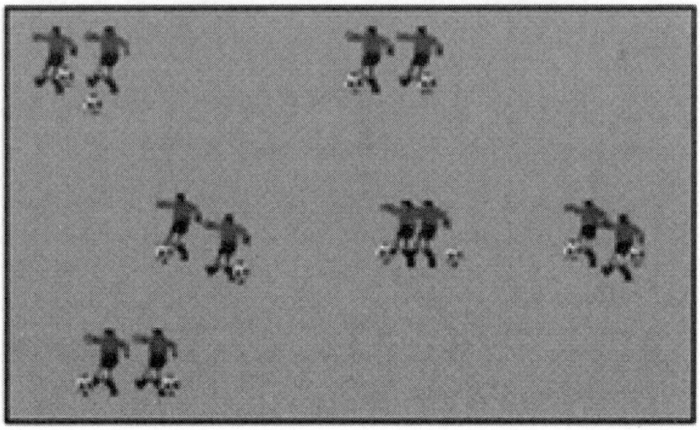

（5）U11～U12 体能训练

肌肉在生长发育，肺部功能也在发育，该阶段儿童也拥有了一定耐力，他们的关节肌肉也在生长，教练员要避免他们受伤，安排好训练间的休息。

在这个年龄阶段可训练速度、频率和反应速度，这个年龄阶段训练可以提高的很快，要着重培养这三方面，一旦错过就很难弥补回来。在训练中可以通过对抗训练来完成。

练习案例

体能目标：速度、频率、反应。

1）分组彩色圈练习

组织：如下图。

场地：半场 15 米 ×20 米。

人员：12 人。

器材：标志盘 12 个，4 种颜色的彩色圈各 5 个，共 20 个。

方法：12 名队员按 1～6 号变为 2 组，对位站立，教练员叫号，被叫到的队员从彩色圈中穿过，到达对面，但每次只能穿过一种颜色的彩色圈。

变化 1：进行跑的变化，可以甩臂跑或单脚跳摸头顶等跑的练习。

变化 2：教练员的口令可以一次喊 1 个号，也可以一次喊若干个号。

要点：严格执行教练员指令，按规则进行跑动，听到口令后反应迅速。

2）传控球练习

组织：如下图。

场地：30 米 ×25 米。

人员：15 人。

器材：红、蓝、黄分队背心各 5 件。标准盘：红色 4 个，黄色 5 个，蓝色 5个。

方法：5 对 5 在场地中进行传控球球练习，控球方可以传球给接应的第三方，第三方接应后传球给控球方继续进行传控球练习。达到传控球练习的目的。

变化：通过限制控球方和第三方传控球的脚数限制，达到传控球的目的。

要点：保持移动，注意接应，球要动起来。注意观察，把球传给准备好接球的同伴。少说话，专注训练。

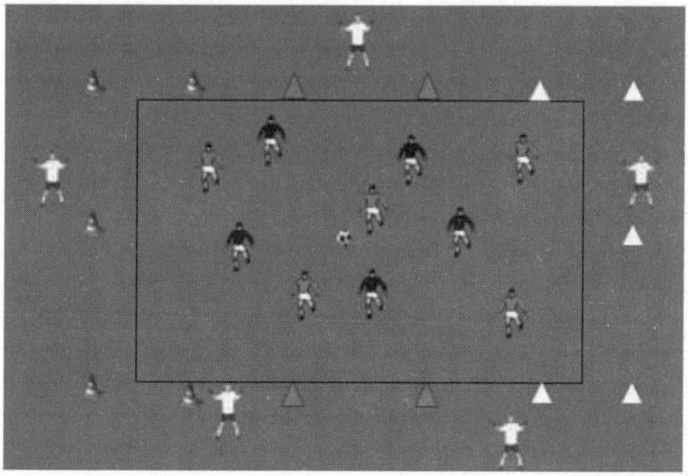

(6) U12 ~ U13 体能训练

本段孩子处在生长期，肌肉在拉长，肌肉在生长，骨骼也在生长，需要找到身体较为平衡的状态，容易肌肉拉伤和韧带拉伤。整体的身体器官机能在发展，肌肉总量增长，接近于成人，身体的协调性得到了提高和改善（在法国乡下孩子比城里孩子协调性好），男生和女生的差异比较大（速度、力量、身高），生长发育有一定的差异，男女生训练教练员要注意这种差异，能进行时间短，有一定强度的练习。

练习案例

体能目标：发展平衡能力，协调性，速度、耐力。

1）协调颠球练习

组织：足球场中圈散点。

场地：足球场中圈。

人员：12 人。

器材：12 个足球。

方法：在中圈，按教练指令进行各种颠球练习。

要点：注意力集中，控制好颠球部位和动作的指令。

变化：

①颠球；②左脚颠球甩右臂；③双脚颠球，举右手、左手拍头；④颠球拍脚；⑤2 人一组对颠，一人喊数字一人颠球；⑥2 人一组对颠，一人手指数一人颠球；⑦2 人一组甩臂对颠；⑧2 人一组每人颠球 5 次后传给对方，对方同时将脚下球传给颠球者，计算球不落地的次数。

2）禁区内运球

场地：大禁区内。

人员：16 人　4 红　4 蓝　4 绿　4 黑。

器材：球 16 个。

方法：队员在禁区内运球，听到教练指示，那个颜色的队员开始抢球，其他颜色的队员开始保护自己的球，抢到球的队员必须将球带出禁区线，时间 1 分钟。四种颜色的球员全部轮一遍，本组练习结束。

变化：①运球 30 秒，抢断 1 分钟；②运球 20 秒，抢断 30 秒

要点：观察、移动、快速、反应、判断、运控球。

（7）U13～U14 体能训练

本年龄段球员生长加快，体重增加，但每个人的生长发育比较不平衡。随着荷尔蒙的分泌，肌肉的总量增加，肺活量增长，会出现生长方面的病痛，由于骨骼、肌肉、关节生长速度不一样，容易出现受伤的情况。免疫力比较脆弱，容易生病，教练员要注意。考虑以上特点，教练员训练时不要用器械负重和体能训练。可以进行反应速度、频率、耐力、速度的练习，拉伸、核心力量练习。教练员要时刻注意球员的疲劳和伤病，及时治疗和调整。

练习案例

体能发展的目标：开发速度潜能、锻炼核心力量，通过速度练习爆发力，5～20米的距离，不能太长，练习总量不能超过250米，消极休息，休息时间是练习时间的10倍。可以进行身体的拉伸，前几次可由教练员带领，熟悉以后可以让学生们自己做。

1）协调性练习

组织：如下图。

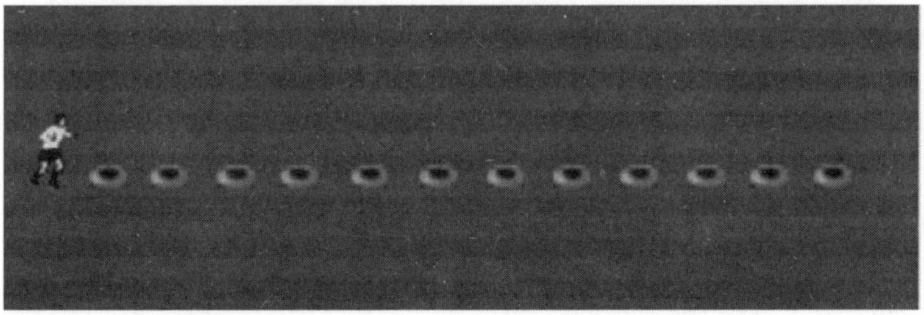

场地：25米长。

人员：12人。

器材：12个隔离墩。

方法：按教练指令进行各种协调性练习。

要点：注意力集中，动作迅速。

2）对抗训练

组织：如下图。

场地：足球场中场25米×40米。

人员：16人。

器材：15个以上备用球，4个标志盘，16件分队背心。

方法：8对8对抗训练，对面安全区站一个本方接球队员，双方要将球传给对面底线的同队队友。

变化1：同队传球10脚以上才可以传给自由人。

变化2：传球10脚后传给底线队友的球必须是一脚。

变化3：传球10脚后传给底线队友，该队友必须回传给另一个同队队友，接球队友将球带到对方底线。

要点：进攻者要拉开空间多接球，组织好阵型和站位。

(8) U14 ~ U15 体能训练

本阶段球员处于发育的初期，青春期困惑的开端。因为身体发育处于转变阶段，生理上的发育有不同的表现，骨骼慢慢坚硬起来，骨密度增加，肌肉量不仅增加而且肌肉还会拉长。考虑到肌肉状况，教练员一定要科学安排，训练前充分热身，训练后要很好的拉伸，及时补水。因为骨骼肌肉的生长，对运动能力和协调能力会产生影响。

练习案例

体能目标：协调、灵敏、速度、力量、耐力，提高运动能力。

1）协调灵敏练习

组织：分组轮换。

场地：如图所示。

人员：10 人，分为 5 组，每组 2 人。

器材：塑料圈 11 个、隔离墩 11 个、隔离柱 7 个、绳带 3 根。

方法：

练习 1：小步跑成“之”字形侧向向前行进。

练习 2：单脚在每个圈之间进行跳跃。

练习 3：侧身高抬腿越过每个隔离柱。

练习 4：按图示在各隔离墩之间进行变向快速跑。

练习 5：按图示在绳带和隔离墩之间进行变向、前进和后退。

要点：按要求进行不同练习间轮换，动作迅速、连贯。

组合练习

练习 1：侧向移动

练习 2：单脚跳跃

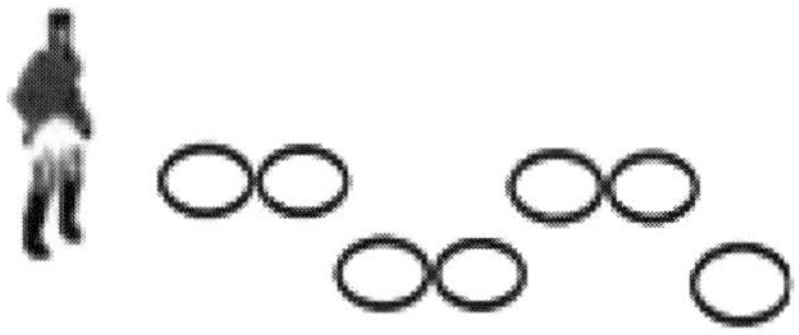

练习 3：侧向高抬腿

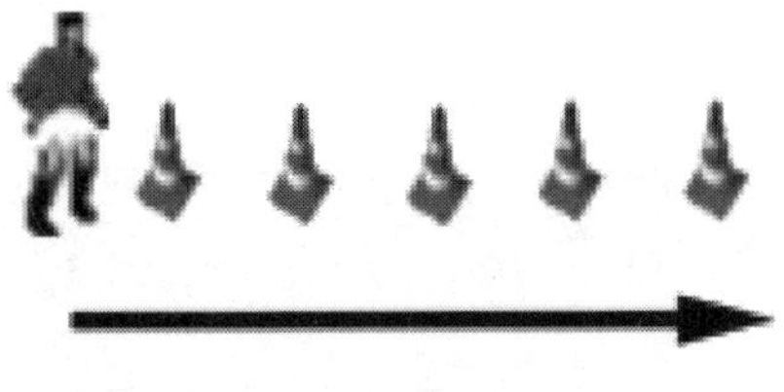

练习 4：变向快速跑（前进、后退）

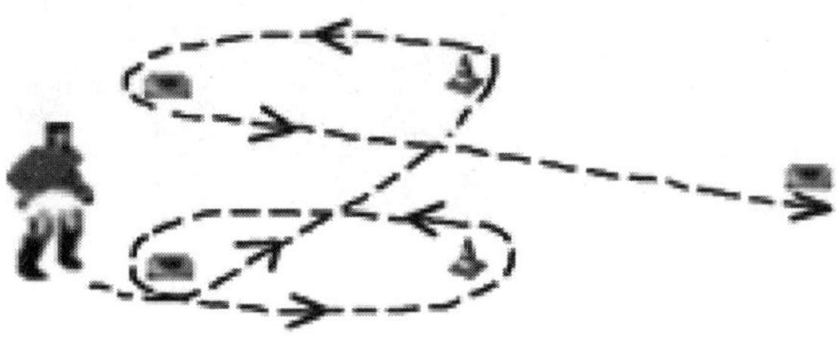

练习 5：前后变向

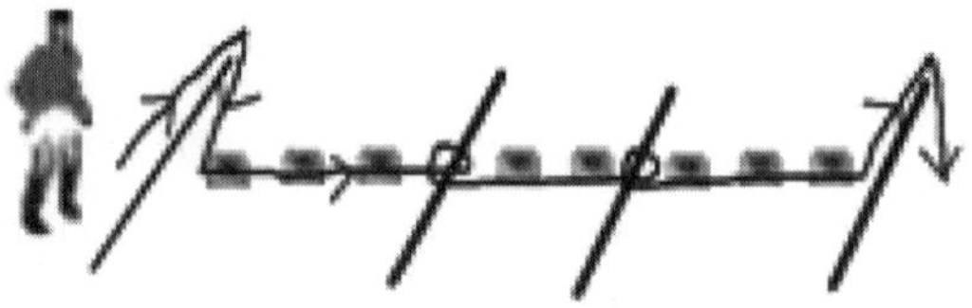

2）传控球练习

组织：如下图。

场地：半场 14 米 × 18 米。

人员：12 人，红、黄、蓝各 4 人。

器材：练习用球 1 个。15 个以上备用球，8 个标志盘，12 件分队背心。

方法：教练员将球发给黄队中间自由人，自由人要和外围的六名队员进行传控球，一旦红队抢球队员在抢到球，传给自由人后要迅速和场边的蓝队换位，蓝队队友丢球后要迅速到场里。

变化：根据队员的完成情况可以变化比如限制脚数。

要点：攻防转换一定要快，注意力一定要集中，控球方无球队员要多接应，接球队员不要在原地停球，停球远离身体，有利于下一个动作的衔接。

(9) U15 ~ U16 体能训练

在这个年龄段，球员成长比较快，一年可以长 10 ~ 12 厘米（欧洲小孩）体重的增长，第二性征的出现。

14～15岁的球员会出现成长期的病痛，膝盖和脚后跟的病痛，会影响他们的训练，随着长大长高，肌肉的量也会增长；在这个年龄层骨骼、韧带和肌肉的生长会出现差异，身体容易疲劳、受伤和身体的疼痛，例如膝盖疼痛。肺活量的增长；最大摄氧量的增长，身体容易疲劳，免疫系统有脆弱性，容易感染传染病。

练习案例

体能目标：发展协调能力，平衡能力，力量、速度、耐力。

1）控球攻防

组织：如下图。

方法：6对6　60米×40米。

在规定的区域内控球攻防，任何一方将球攻入得分区就得1分。

要求：地面传球，跑动积极，相互提醒。

变化：限制触球次数，可以增加长传。

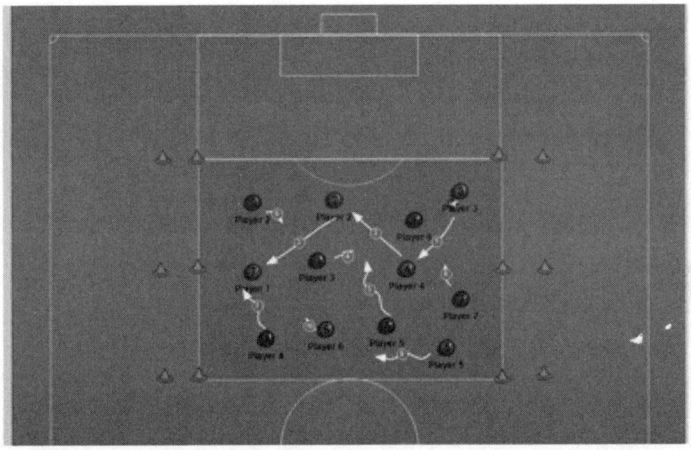

2）核心力量练习

组织：如图。

场地：10米×10米。

人数：12人。

器材：标志盘4个。

方法：区域内进行放松。

变化：弓腰练习、跪膝支撑、平板支撑、侧身支撑。

要点：保持身体平衡，调整呼吸，保证动作质量。

(10) U16～U17（青年期）体能训练

体能和身体方面：结束了身体的发育，在身体上已经达到了成年；身体各部位肌肉发育成熟；身体器官上，心血管系统已经成熟；疲劳程度上，没有像少年的那样容易疲劳，免疫系统也已经成熟。

练习案例

体能目标：提高综合运动能力

组织：如下图。

场地：5 米×5 米。

人员：2 人。

方法：2 名队员从起点开始，第一人在规定区域双手、双脚腾空，坚持 45 秒，再到圈中，第二人开始移动冲撞，直到将第一人冲出圈外，开始进行下一环节，下一环节是核心力量练习，单臂侧身支撑，另一臂上举转体。依次循环。

要点：动作准确到位。

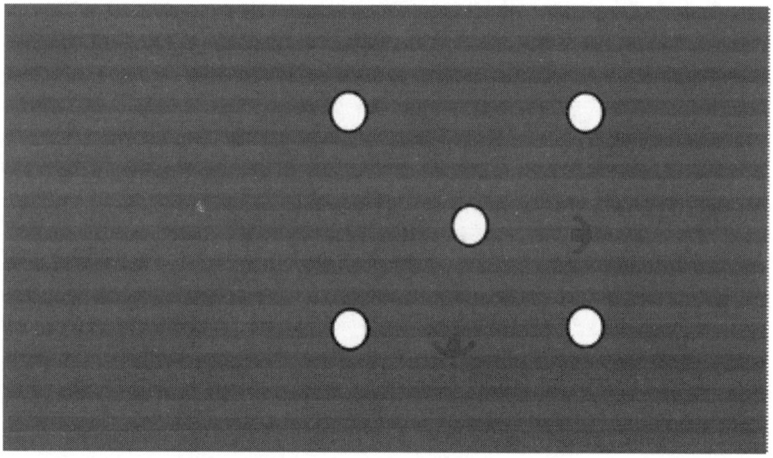

场地：10 米×2 米。

人员：2 人。

方法：1 人在起点深蹲杠铃 8 次，结束后双脚跳过标志杆快速后撤步消极防守带球队员时间为 3 秒，到标志杆后交换位置，依次进行。

要点：跳起要双脚，膝盖不弯曲，冲刺快速。

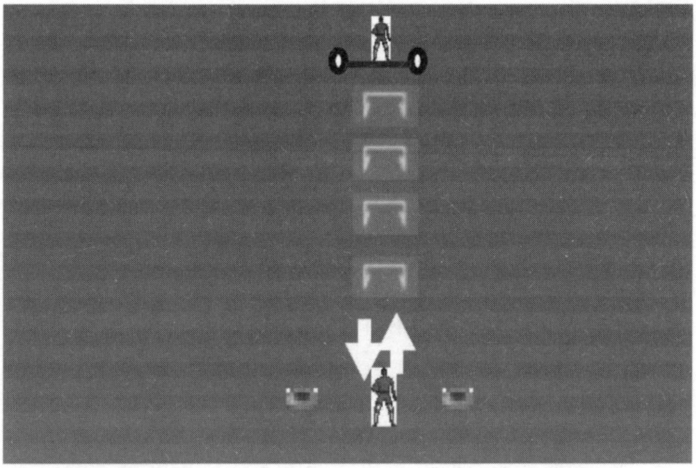

场地：2 米×8 米。

人员：1 人。

方法：队员在起点，肩部扛体操棍单脚平衡下蹲 8 次，拿跳绳跳 8 次，快速冲刺 5 米。

要点：下蹲时的平衡，跳绳的高度、冲刺速度。

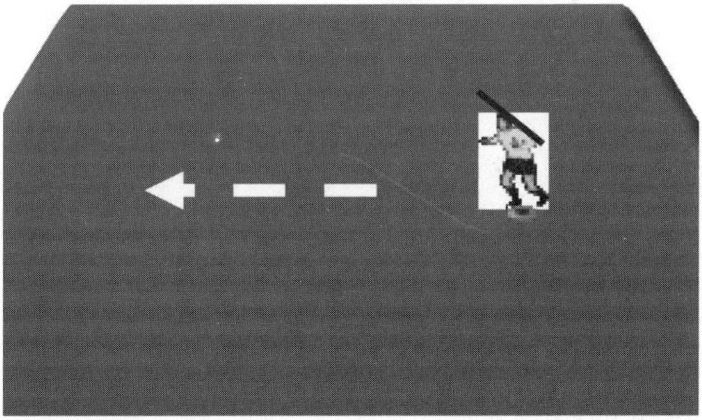

场地：2×3 米。

人员：2 人。

方法：一名队员躺到瑜伽球上，双脚落地，做两侧仰卧起坐。

变化：

1. 一人抛球，另一人头球回顶。

2. 双手拿哑铃交叉在胸前单脚平衡下蹲，下蹲时腿向后伸，起来时收腿。

要求：动作准确。

U17 以下体能方面的要素：

①考虑练习时间长短。

②重复次数组数。

③间歇方式和时间。

④练习结束后教练要记录总结，练习收到的效果。

明确练习的运动负荷和类型：

①有氧运动、无氧运动。

②无氧有乳酸。

③无氧无乳酸。

（三）技术训练

1. 不同年龄段技术训练概览

依据波尔多学区讲授内容，将各年龄段技术训练的目的、目标、训练方法和要点进行梳理概括，具体内容见表 16。

表 16　各年龄段技术训练摘要

年龄段	目的	技术目标	训练方法	要点
6～9 岁（小学 1～3 年级）	1. 培养兴趣 2. 初步掌握基本技术动作	以游戏的形式来开展运球、传球、停球及假动作等个人技术练习	利用不同颜色器材以游戏性质培养队员的反应、判断能力、开发队员技术能力，以指导性教学法为主	技术的启蒙时期： 1. 培养兴趣，保持长期持久训练 2. 一人一球训练，且每个练习时间控制在 8～12 分钟内 3. 分组人数不宜过多，以指导性练习为主 4. 示范、纠正、重复 5. 以比赛性游戏结束训练
10～12 岁（小学 4～6 年级）	完善基本技术动作学习	1. 脚、身体（除头以外）的不同部位控球 2. 加入颠球及运球中的假动作 3. 加入长传和射门的练习，假动作的逐渐完善和补充 4. 1 对 1 进攻和防守技术	以结合球的指导性教学方法为主，采用自我适应模式和战术决策模式教学法，完善队员的技术能力	1. 提升对动作的生物力学原理（球性球感）的感知 2. 根据比赛的具体情况选择短传、长传以及用不同的脚面触球 3. 保持技术动作的连贯性
13～15 岁（初中）	1. 提高动作的速度 2. 提高对抗中的技术适应性	1. 开始发展头球技术 2. 完善防守技术练习 3. 加快技术动作的速度 4. 加强在对抗中完成技术动作的能力 5. 最终以比赛形式结束训练	以自我适应模式和战术决策模式教学法为主，指导性教学法为辅	1. 在比赛中的压力要在训练中体现出来 2. 提高教练员设置情境训练的能力，以及引导学生发现问题和解决问题的能力 3. 着重要求技术动作的质量 4. 增强对抗

（续表 16）

年龄段	目的	技术目标	训练方法	要点
16～19 岁（高中）	1. 强化完成技术动作的速度 2. 面对不同情景下对技术动作的选择，根据不同位置的专项技术练习	1. 提炼比赛中片段、情境进行有针对性、有对抗的技术练习 2. 加强整体的传接球技术 3. 加强整体的进攻和防守技术 4. 以有针对性的对抗结束训练 5. 技术运用中加入对手元素	以战术决策模式、自我适应模式教学法为主，加强队员在比赛中完成技术动作的精确性	1. 引导队员，通过自己的努力去解决问题 2. 根据战术的要求，有针对性的进行大量重复的技术练习

2. 技术训练方法示例

⑴ 运球

方法一：一人在前跑，一人在后面运球追。

要求：①运球人观察无球人的跑动路线。②保持距离。③把球控制好不能出界。

变量：①无球人先匀速跑后加速跑。②两人牵手每人一球，一人主导方向一人跟随。

方法二：运球捕猎游戏。

要求：①控好球。②变速变向。

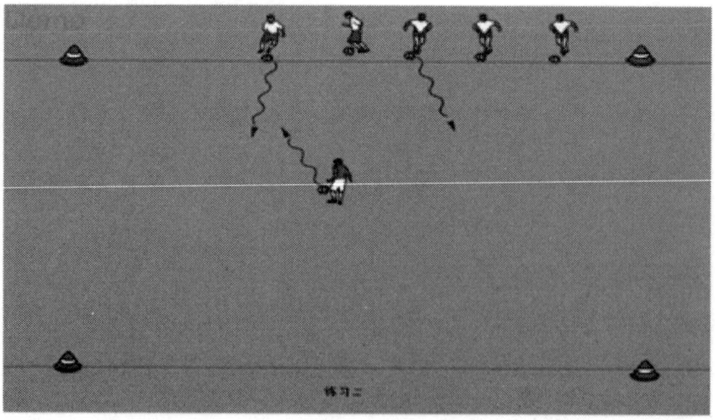

方法三：1 对 1 积分制，得分高者向前晋级。

要求：①防守球员手背身后，降低进攻难度。②进攻球员运球至防守球员一侧再变向过人。

方法四：运球射门，两队交替进行，得分多的获胜。

要求：①运球绕过障碍物后射门。②能够做出假动作和变向变速。③两队有竞争，进一步提高运球的速度及射门的准确性。

要点：运用指令教学法进行教学。

内容：运球射门。

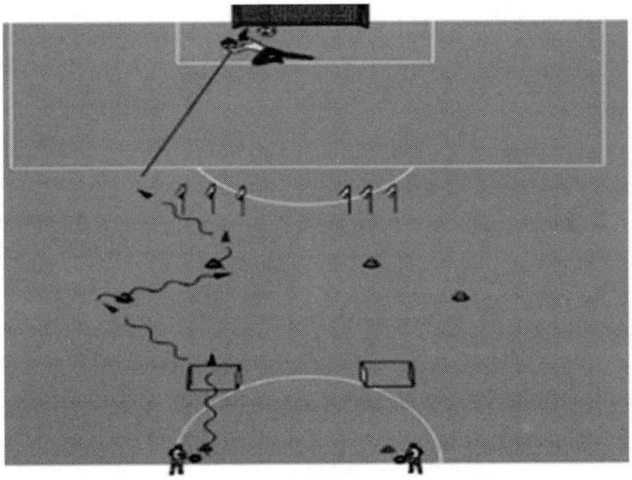

(2) 带球过人

方法一：在 20 米 × 20 米的场区内带球，18 个标志杆挂分队服并区分不同的颜色，标志盘若干，有两种颜色。红色杆或红色盘用右脚做练习，黄色则用左脚。

要点：假动作；距离（对手不同距离也不同）；变向加速。

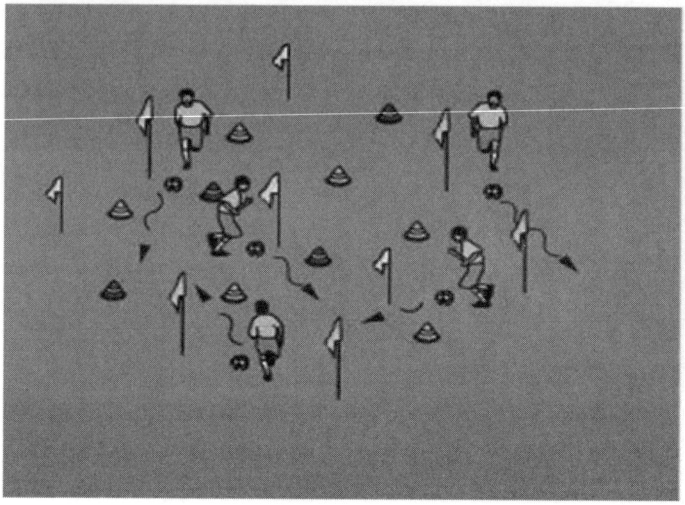

(3) 传球

1）短传

方法一：正方形传球练习。

要求：一停一传；停好球传准球。

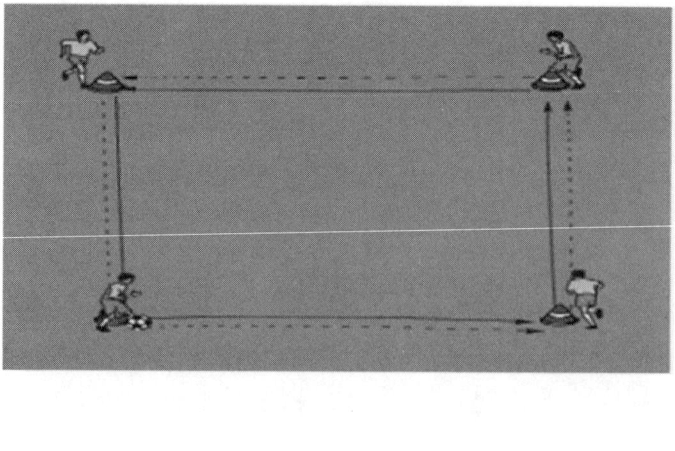

方法二：正方形传球练习。

要求：传球回敲二打一。

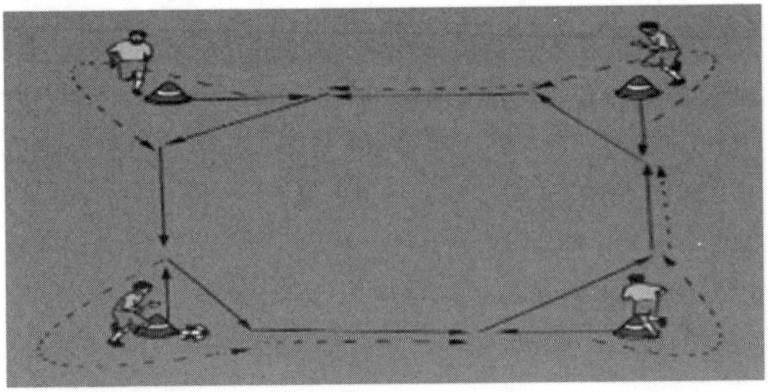

2）长传

方法：通过第三个人长传。

要求：①传球的准确性。②精力集中。③传球和接球人之间的联系。抬头，呼应。

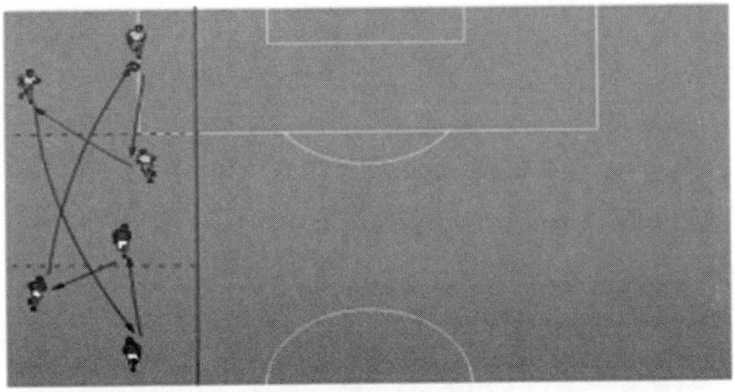

(4) 控球变向

方法一：①接同伴传球脚内侧领球转身衔接传球。②接同伴传球脚外侧领球转身衔接传球。③接同伴传球脚后跟磕球转身衔接传球。

（三人一组循环练习）

要求：①摆脱迎球控球。②两脚球。③左右脚交替练习。

方法二：6 人循环练习。

要求：①两脚球。②必须用三种领球的动作。③抬头集中精力。

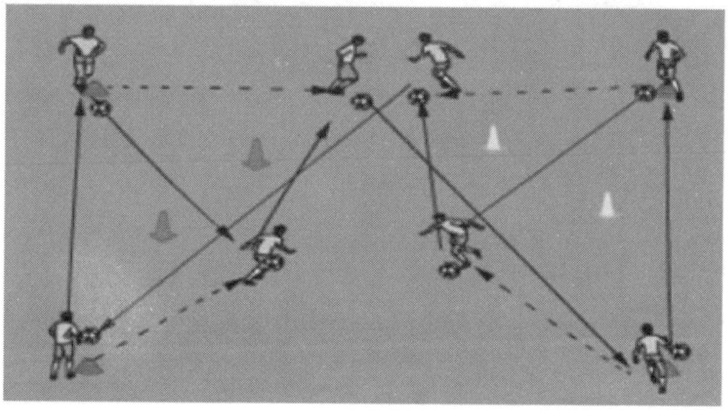

方法三：A、B、C、D、E 依次传球，E 完成射门。

要求：①传地面球，有力度。②所有的人都动起来，向前迎球做控球变向。③B 点球员用右脚内侧控球变向；C 点用右脚外侧做变向；D 点用左脚内侧做变向；E 点用右脚内侧做变向。

(5) 头球

1）防守型头球

方法：通过长传球练习防守型头球。

要求：①长传球要准确。②头球找点。

变量：缩短距离或用手抛球（如果对于队员而言，练习中传球很难保证准确性）。

注：这一练习对技术的要求很高，在实践中采取此练习时，必须考虑队员的水平。

2）进攻型头球

方法：大禁区内接手抛球头球射门。

要求：①在小禁区外顶球。②顶球部位前额。③争高点。

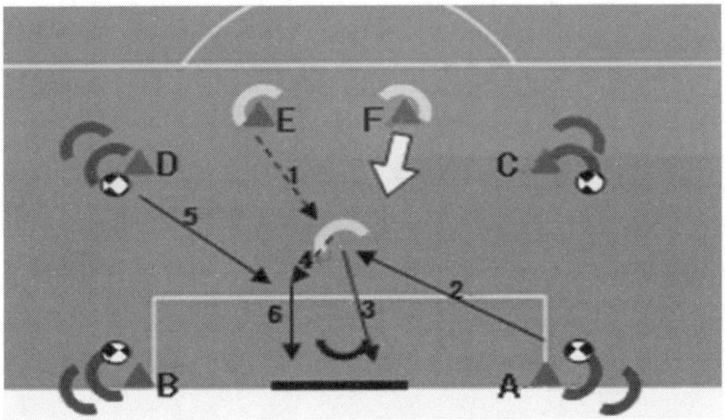

(6) 空中球

内容：空中直接射门。

方法：禁区内，10 人射门 5 人传中。

要求：一脚射门。

变量：接传中球做给同伴，第三个人完成射门。

(7) 射门

方法一：带球在禁区前沿射门。

要求：①必须在规定区域内射门。②左边左脚射门，右边右脚射门。

方法二：

变量：①接回传球控球射门。②把区域缩小射门。③用不擅长的脚射门。④接回传球一脚射门。

方法三：

内容：门前快速射门。

方法：设置四个小球门，四个方向传球。接球方向和门自己选择。

要求：①一脚射门。②时间 1 分钟。③守门员往外迎球防守。

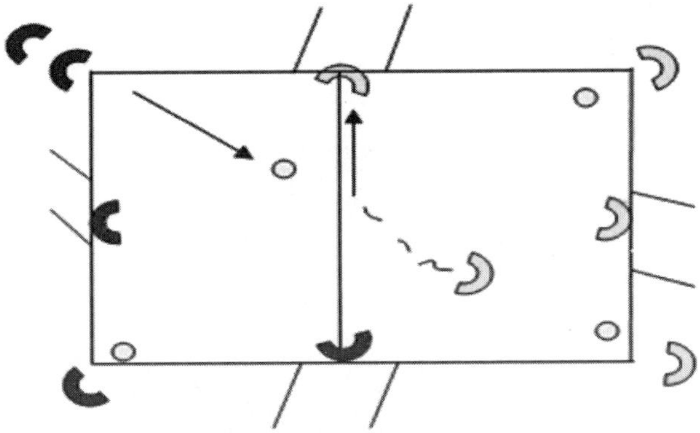

(8) 改变速度

方法一：控球队员传球后快速上来接横敲球一脚射门。

要求：①横敲球员必须快速出来接球完成横敲球。②控球队员传完球要有速度的改变接球射门。

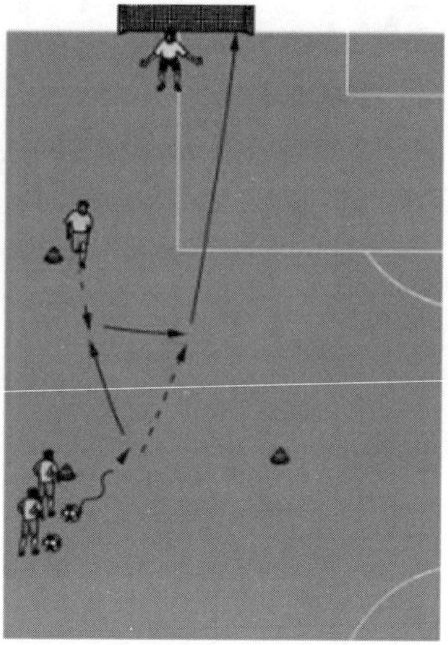

方法二：控球队员传球快速上来接横敲球，控球后射门。

要求：①横敲球员必须快速出来接球完成横敲球。②控球队员传完球要有速度的改变接球、控好球后射门。

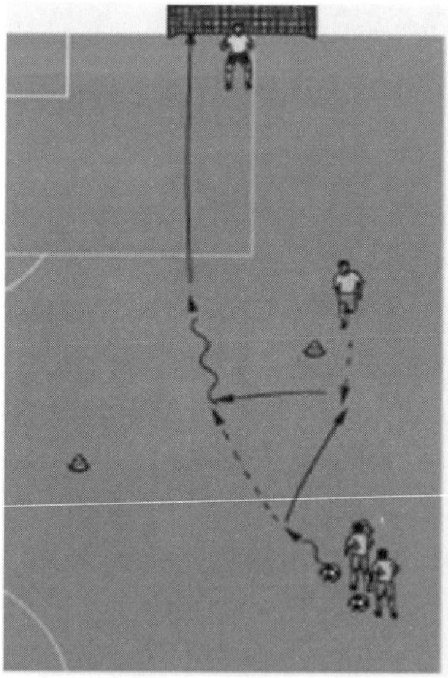

方法三：控球队员传球后快速上来接球，同时第三个球员快速的改变速接横敲球后射门。

要求：①横敲球员必须快速出来接球完成横敲球。②控球队员传完球要有速度的改变接。③第三个球员快速改变速度控好球射门。

方法四：控球队员传球后快速上来接球，同时第三个球员快速的改变速接横敲球后射门。

要求：①横敲球员必须快速出来接球完成横敲球。②控球队员传完球要有速度的改变接。③第三个球员快速改变速度控好球射门。

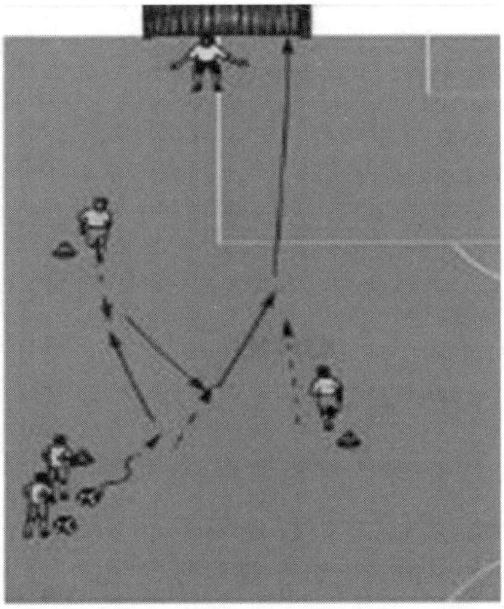

(9) 守门员技术

1）接球技术

方法一：一名守门员移动接抛球练习。

在距离球门线3米的位置水平放置两个标志杆，与两侧球门柱组成3个小门。对着3个小球门的正前方6米处各放置一个标志物。现在设1名守门员站在小球门前，3名踢球队员分别站在标志物旁。从左侧小球门开始，守门员站在这里，相对的踢球队员踢地滚球，守门员将球接住单手抛回，然后快速跑到中间的小球门接球，相对的踢球队员踢地滚球，守门员将球接住单手抛回，守门员快速跑到右侧小球门处接球，相对球员供球，循环进行。

要求：地滚球，踢球队员尽量将球踢向守门员。

方法二：3名守门员接抛球练习。

在距离球门线3米的位置水平放置两个标志杆，与两侧球门柱组成3个小门。对着3个小球门的正前方6米处各放置一个标志物。在3个小球门前设3名守门员，3名踢球队员同时开始踢地滚球，3名守门员分别接球后抛回，然后左侧守门员向中间门移动守门，中间守门员向右侧移动守门，右侧守门员向左右球门移动守门，循环进行。练习3分钟后踢球队员与守门队员互换位置。

要求：地滚球，踢球队员尽量将球踢向守门员，守门员抛回球后快速移动到下一个球门。

方法三：守门员移动接球练习。

在距离球门线 3 米的位置水平放置两个标志杆组成小球门，在球门线与小球门之间放置一个小标志物，守门员站到标志物旁，在大禁区线相对小球门的位置放 5 个球，由一名队员踢球，守门员快速移动到球门前手接球，然后抛回。

要求：踢球队员踢地滚球、半空球、高空球，尽量踢向守门员方向；守门员快速移动到球门接球。

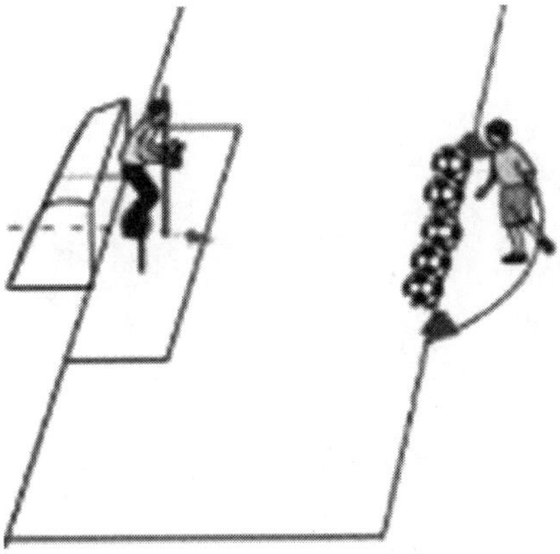

2）扑球技术

方法一：球门区 3 个方向射门，守门员练习侧扑，3 名守门员轮流练习。

方法二：扑快速球练习，连续两个球，先左后右。练习时两个守门员轮流练习，每个守门员练习 4 次轮换。

方法三：连续扑 4 个空中球练习。

方法四：站门柱一侧移动中扑球，两人一组，两球轮换。

方法五：结合四个呼啦圈，单脚跳，交叉步，双脚跳，跨一步双脚跳后侧扑。

方法六：结合小栏架，双脚跳向前跳过栏架，向后向前跳过栏架，单脚向前跳过栏架，向两侧跳过栏架，左右跳过两次栏架侧扑。

方法七：飞跃中间栏架，腾空侧扑球。

方法八：移步绕过 3 根标志杆，侧扑，近角、远角，地面、空中球轮换。

3）高空球处理

方法一：守门员站在球门前，一人持球站在标志物后，两人间隔 6 ~ 8 米，持球人将球向上抛起，守门员准确判断落点，快速出击接球

要求：动作迅速连贯，出击时要发出声音，最高点接球。判断好球的落点，左右脚交换起跳。

方法二：守门员站在球门一侧门柱前，一人持球站在标志物后，两人间隔10米，持球人将球向另一侧球门抛起，守门员准确判断落点，快速移动接球，两侧交替进行。

要求：动作迅速连贯，移动迅速，最高点接球。判断好球的落点，左右脚交换起跳。

方法三：守门员站在标志物后，一人持球站在标志物前，两人间隔5米，持球人将球向守门员身后抛起，守门员准确判断落点，快速移动接球，两侧交替进行。

要求：动作迅速连贯，移动迅速，最高点接球。判断好球的落点，左右脚交换起跳。球距离身体近运用后滑步移动，球距离身体远运用交叉步移动，向斜后方移动。

方法四：设置大小两个球门，间隔 15 ~ 20 米每个球门设置 1 名守门员和 1 名抢点队员。由一侧的抢点队员抛球，异侧守门员判断落点出击接球，抢点队员抢点干扰。接球后两人交换角色，循环进行。

要求：准确判断落点，快速出击接球，动作准确，出击时能出声提示。抢点队员判断好落点积极抢点，力争进球。

变量：①增加两球门间的距离。②将手抛球改为脚踢球。

方法五：在球门区线上设置两根标志杆，守门员站在两根标志杆之间，持球队员站在罚球区外的 D 字区内。持球人向守门员身后抛或踢高空球，守门员快速向后移动接球。

要求：快速移动，在移动中判断落点，最高点接球。

（四）战术训练

1. 不同年龄段战术训练概览

依据波尔多学区讲授内容，将各年龄段技术训练的目的、目标、训练方法和要点进行梳理概括，具体内容见表 17 ~ 表 20。

表 17　6 ~ 9 岁战术训练概览

年龄组	目标	训练内容		教学模式	要点
		个人战术	团队战术		
6 ~ 9 岁	1. 培养孩子对足球的兴趣 2. 培养个人战术意识基础	进攻： 1. 拉开接应 2. 触球前的身体姿态 3. 观察对手、队员接应的位置，跑位	进攻： 1. 充分利用场地宽度 2. 通过团队配合达到目的	执行教学模式 PME 自我适应教学模式 PMAA	培养时间、空间的意识
		防守： 1. 防守技术，移动步伐 2. 逼位，抢传球路线	防守： 1. 缩小空间 2. 协助队友防守	执行教学模式 PME 自我适应教学模式 PMAA	

表 18　10 ~ 12 岁战术训练概览

年龄组	目标	训练内容		教学模式	要点
		个人战术	团队战术		
10 ~ 12 岁	1. 培养孩子对足球的兴趣 2. 培养个人战术意识基础: （1）个人战术意识及行动 （2）熟练掌握基础战术: （1）掌握小组战术 (2) 了解团队战术	进攻： 1. 观察 2. 接应 3. 支援 4. 主动要球 5. 传球跟进，获得空间 6. 摆脱对手，摆脱被盯 7. 向球方向的跑动和向球反向的跑动 8. 接球前获得空间 9. 跑动主动向前要球，主动向空当传球 10. 观察的同时也要被同伴看见	进攻： 1. 中后场的推进 2. 前场敢于冒险 3. 使用边路（边路配合） 4. 当队友持球时使用空间，拉开空间 5. 使用边路，合理利用场地的宽度 6. 场地的占据 7. 三条线进攻时的保持（8 人制） 8. 整体阵型 8 人制：2–3–2 3–2–2 3–3–1	战术决策教学模式 PMDT 执行教学模式 PME 自我适应教学模式 PMAA	队员学会思考，在球、队友、对手、空间、时间的限制下找到解决办法
		防守： 1. 在空间站位 2. 站位保护球门 3. 个人防守原则：盯人、紧逼、协防 4. 抢断的时机（过早移动被对方发现意图，过晚移动，错过抢球时机）	防守： 1. 把空间缩小收缩防守 2. 两人配合 3. 三条线防守时的保持		

表 19　13 ~ 15 岁战术训练概览

年龄组	目标	训练内容		教学模式	要点
		个人战术	团队战术		
13~15岁	1. 熟练小组战术 2. 掌握团队战术 3. 掌握11人制整体战术打法	进攻： 1. 接应（不同方向，或反方向） 2. 进攻拉开宽度 3. 注意观察对手和队友 4. 预判 5. 获取信息 6. 接球保持运动状态防止被盯防 7. 接应队员在空当中接应(向前)保持活动状态 8. 接应和要球（中卫持球传球路线选择首先前锋、前卫、边后卫）	进攻： 1. 转移 2. 向前推进 3. 学会利用和制造空间 4. 三人边路配合下底传中射门 5. 注意宽度、深度，更好地占据空间 6. 2 人或 3 人的快速配合，不停地移动，向前传球的速度要快 7. 为拿球者有多种传球方案，接应点多，提供更多的传球机会 8. 占据区域 9. 改变节奏	战术决策教学模式 PMDT 执行教学模式 PME 自我适应教学模式 PMAA	1. 情景模式教学 2. 对抗练习 以上两种是促进他们最好的方式 3. 比赛中的空间和时间压力要在训练中体现出来

（续表 19）

年龄组	目标	训练内容		教学模式	要点
		个人战术	团队战术		
		9. 接应队员在空当中接应（向前）保持活动状态 10. 向前推进，尽量在前场接应和护球 11. 两人配合，通过防守队员两人之间的空当传球，向前传身后球，最后一传。 12. 组合配合，通过多人配合，向前或向后的接应要球，创造最后一传的机会	10. 无球时的组织 整体阵型 11 人制： 4–4–2 4–3–3 4–2–3–1 3–5–2 5–3–2		4. 足球最重要的是破门得分，前面保持住球和向前推进阶段环节做的都很好但是最后的射门阶段没有做好等于前功尽弃。从这个年龄就要给孩子灌输这三点的重要性
		防守： 1. 紧逼 2. 协防 3. 预判 4. 保护球门 5. 空间缩小 6. 对带球者的紧逼 7. 向后退延缓，紧逼持球者的队员小碎步向后退，减缓带球者的速度（在球门附近） 8. 移动，丢球后整体移动到球的后面	防守： 1. 区域防守 2. 2 抢 1，2 抢 2，3 抢 2 的防守，人数均等或占优 3. 对场地的占据，占据球和球门之间的中心区域。防守队形收缩紧密，保持阵型		

表 20　16 ~ 19 岁战术训练概览

年龄组	目标	训练内容		教学模式	要点
		个人战术	团队战术		
16~19 岁	1. 强化团队战术意识及行为。 2. 强化位置战术意识	进攻： 1. 插上时机，不要越位 2. 选择最佳的传球线路 3. 积极跑动接应，为队友创造空间 4. 移动状态，给带球者支持 5. 给带球者多种传球方案 6. 接应、要球、配合 7. 长传或短传 8. 回传，为转移做准备 9. 注意前场有一个前锋在门前接应或把球控好等待队友来配合 10. 注意节奏的变化，特别是破门得分的区域里 11. 直接过渡，向身后传球 12. 前锋要有向空当跑动的意识 13. 方法向接应	进攻： 1. 整体阵型：4–4–2 4–3–3 4–2–3–1 3–5–2 5–3–2 2. 边路二打一后套战术 3. 下底传中 4. 一系列的协调的移动，促进球尽量快的向前推进 5. 快速进攻 – 防守反击 6. 两个队员交叉跑的方式。如：前锋回接球回传，另一个前锋向前插 7. 抢下球之后注意节奏变化，突然加速 8. 占据区域 9. 改变节奏 10. 交叉换位 11. 留出边路空当 12. 避免丢球：人数优势、短传长传、边路转移	战术决策模式教学法 PMDT 执行教学模式 PME 自我适应模式教学法 PMAA	1. 在欧洲表现好的队伍控球率很高，目的是打破平衡，射门得分：也有些队伍喜欢防守反击；举例巴萨和穆里尼奥 2. 队伍根据自己的实际情况，采取以上哪种战术 3. 教练员在有球和无球两个阶段侧重点要一样多，加强训练

（续表 20）

年龄组	目标	训练内容		教学模式	要点
		个人战术	团队战术		
		防守： 1. 上前紧逼、使自己防守位置始终在球与球门之间 2. 个人防守是通过小碎步、身体重心、身体站位来实现的 3. 紧逼不能上抢太猛 4. 紧逼，对带球者进行干扰，紧逼的目的是：阻止带球者向前传球。干扰的目的是：准备进行抢球，影响带球者不让他做出正确的选择，通过跑位切断一侧传球可能，迫使进攻队员只能向另一侧边路传球进攻，同时用行动来告诉队友让他们到这一侧来防守 5. 对不带球的接应队员控制 6. 站位，要站在传球的线路上。在前场防守时，要求队员有一个预测，预测对手传球路线，在传球路线上对球进行拦截 7. 阻止回传球 8. 交流 9. 守门员，随队伍防守阵型跟着整体移动，随时做好干预的准备 10. 铲球	防守： 1. 整体前场逼抢战术 2. 后场区域防守战术 3. 小团队防守是通过紧逼、协防保护、呼应来实现的 4. 防守整体移动要快速 5. 对持球队员，距离最近的防守队员要快速紧逼，阻止对方前进 6. 协防：目的是共同协防，保护球门 7. 整体队形保持紧密 8. 封锁球门线和角度 9. 区域内盯人、协防 10. 限制对手行动 11. 边路的防守移动 12. 抢断阶段：对抗 1 对 1、整体移动对持球者施压、人数优势、球传到边路时多人加强、围抢包加、小团队连续施压抢断	战术决策教学模式 PMDT 执行教学模式 PME 自我适应教学模式 PMAA	

2. 战术训练要素

(1) 战术训练的周期

一般周期训练的主题都是以战术目标为主，比如进攻或防守的主题。以四周为一个周期，战术训练主题是三周进攻主题练习，一周防守主题练习。因为防守训练比较枯燥一些所以进攻主题练的多一些。但是也可以根据球队自己的情况设定。如果现阶段球队防守问题比较大也可以增加防守主题训练周期。

(2) 战术主题训练

在训练时设定战术主题的具体目标如：进攻的保持住球、向前推进、打破平衡、保护球门等。防守的主题延缓进攻、阻止推进、保护球门、获取球权等。在主题确定下来后要依据主题设置训练重点的五个部分：

①与主题有关的热身：在热身目的同时结合主题的基础练习。

②主题对抗练习：在设计对抗中暴露出主题的问题，引导队员思考解决方案。不要直接告诉队员答案。

③主题情境练习：设置主题情境，在人数不对等、目标不同、每次主题练习队员开始发球的条件下有对抗的练习。

④主题技术练习。结合主题的技术练习完成主题的必备技术练习，在没有防守的技术，过渡到有压力、有少数防守队员的情况完成技术练习。

⑤主题对抗比赛。享受阶段，也是检验本堂训练效果的阶段，设置紧扣主题的对抗比赛，观察队员解决问题能力。

战术训练中注意设置训练场区位置和比赛时场区位置相同，进攻和防守的方向设定，练习难易程度复合队员水平和年龄，还原比赛场景的对抗。而且在战术训练中还要考虑到球、对手、队友、时间、空间这五点的关系。

(3) 战术训练把握的阶段

进攻的阶段：

①保持住球阶段：利用宽度，后场区域。后场得到球权时使用场地的宽度尽量拉开空当，利用后场人数上的优势控制住球权，人数优势体现在守门员与后卫之间传控球，在对方两个前锋逼抢两个中后卫时守门员的接应作用体现出来，在局部就能增加人数的优势，特别是现代足球的发展，守门员参与控球比例越来越大，也是体现在守门员到门卫的改变。后场拉开宽度传控球是为了向前推进做铺垫。

②向前推进阶段：利用纵深，中场区域。有了宽度之后就有了向前的传球空当，因为横向的宽度加大后给对方队员密集防守带来困难，这时就要利用宽度之间的空当向前进攻，增加后位线和中场线的联系，寻找向中场队员传球机会，把球推进到中前场。可以通过直传球穿透打破局部平衡或从一侧快速转移到防守队员少的另一侧进攻。

③打破平衡阶段：利用防守线身后的空当，前场 30 米区域。快速中寻找突破对手防线的机会，可以通过直传球和向前插的队员完成，也可以通过个人控带球向前突破完成。一定要比对手的速度快，快速体现在直传球速度和跑动速度。在中前场制造打破对方整个防守线的时机，摆脱防守创造射门的条件。

④破门得分阶段：把握稍纵即逝射门机会，在对方球门附近。队员快速前插，利用反向行为摆脱对手紧逼抢在防守队员之前射门。注意射门的角度、力量、速度和突然性。

防守的阶段：

①延缓进攻：由攻转守时，首先是距离对方持球队员近的队员靠近紧逼，目的不一定是把球抢断，主要是延缓对方进攻的速度，防止对方向前快攻或快速反击，给队友争取快速回位防守的时间。

②阻止推进：保持好整体队形，压缩前锋线、前卫线、后卫线三条线和守门员的距离，压缩横向之间空当。减少对方直传球。

③保护球门：在本方禁区附近，在球和球门之间的线上防守，注意力要非常集中，随时做好快速应变的准备。协防队员不但要兼顾自己防守队员还要保护紧逼队员的身后。

④获得球权：利用整体施压，缩小控球队员的空间，迫使对手在控球时犯错误、失误获取球权，或看准时机主动抢断对方的传球或控球。

3. 进攻和防守时的行为准则

法方讲师在授课中，高度概括了进攻和防守行为的基本原则，以此来指导训练。具体见表 21 ~ 22。

表 21　进攻时的行为准则

对抗或比赛时	动作准则	动作规则			技术要求
		球队	持球队员	无球队员	
控制球权时（前进、进步）；掌控比赛	①保持移动	尽可能多的传球（创造三角传球线路、球尽量在中路）	①获取信息 ②有空间时推进，被阻拦时传球 ③动作要连贯、传球、跑动、重新获得球	①保持移动和专注 ②让持球队员看到 ③站位时，身体朝向比赛方向 ④接球时，也要保持移动状态 ⑤防止被盯，离传球队员有合适的距离，远离防守队员	技术方面： ①控球和连贯性 ②不同的传球（短传、长传、回传、摆渡） ③带球和连贯性 ④使用身体来保护球 体能方面：耐力心理方面与队友合作的心理
		在宽度和深度方面占据场上空间	观察 接应和要球（回接和身后的接应）	①移动以此来为队友创造空间 ②让队员看到自己（在空当里移动；在对手防区内摆脱被盯）	
使对手失去平衡；去进球		在一个空间牵制对手，将球转移至另个空间（注意球的转移）	牵制对手来解放队友，让队友在自由的空间踢球	①协调移动：接应和要球（回接和身后的接应） ②跑动中的球员要加速 ③套边	
	②创造和利用空间	转换：选择直接射门或者寻求配合	①在防线后面去踢球 ②牵制对手来解放队友，让队友在自由的空间踢球	①协调移动：接应和要球（回接和身后的接应） ②跑动中的球员要加速 ③与防守队员的移动方向相反	

（续表 21）

对抗或比赛时	动作准则	动作规则			技术要求
		球队	持球队员	无球队员	
	③给对手制造不确定性	改变比赛节奏（节奏的变化，加速时节奏快，减速时节奏慢）	通过带球和触球来改变节奏	①要增加接应区域内队友的数量 ②在要球的时候要改变方向和节奏	技术方面： ①控球和连贯性 ②不同的传球（短传、长传、致命传球、回传、摆渡） ③射门：凌空抽射，头球 ④控球和连贯性 ⑤获取信息，调整身体方向，以此来保证动作的连贯性 体能方面： ①速度，快慢快，速度变化 心理方面： ①自我意识和考虑他人的交替
		保持推进速度，让对手来不及布置防守，寻求得分机会	①隐藏意图 ②敢于冒险	①要增加罚球区内队员的数量，并合理的站位 ②在球门前保持移动，注意抢点得分	

表 22　防守时行为准则

对抗或比赛时	动作的准则	动作规则		动作的方式（技术要求）
		球队	个人防守动作	
站位 目的：延缓对方的进攻速度，保护球门	①减少不确定性	解决人数不等的局面，如 2 防 3，1 防 2	①不要快速冲上前抢球，等待队友支援 ②面向球向后退着防守	防守技术要求： ①铲球 ②头球 ③身体动作（如手臂） ④封堵传球路线 ⑤防守时力量更强些，凶狠些 体能要求： ①速度 ②耐力 心理方面要求： ①斗志 ②勇气 ③积极性
		①要在球与球门之间的防线上移动 ②要在球与球门之间的防线上防守	紧逼，以此来控制对方的推进速度，减少对方的信息获取	
	②减小对手的空间和动作	①减小锋线、中场线和后卫线的空当 ②压缩空间，收缩	①紧逼，以此来控制对方的推进速度，减少对方的信息获取 ②协防队友，来禁止对方的传球 ③保护中路（直接区域），将对手引到边路（直接区域以外）	
		紧逼队员和协防队员要进行交流，配合好	①紧逼，以此来控制对方的推进速度，减少对方的信息获取，把对手引到对自己有利的区域里 ②协防队友，来禁止对方的传球 ③紧盯潜在的接球队员	
重新夺回球权	③保护球门	①压缩空间来重新获得球权（增加密度） ②开始施压	①在对方传球的时候获得球（拦截） ②在一对一之后拿到球（抢断）	
		获取离球门近的球	①对拿球队员施压，将进攻队员逼到边路，从而避免对方射门 ②紧逼拿球队员，来禁止进攻队员突然射门 ③紧盯和控制对方加速的队员	

4. 战术阵型

足球阵型是指为了适应区域防守，节奏控制，无球跑动的需要，全队队员在场上的位置排列和职责分工。各阵型的名称是按队员排列的形状而定。组织三条线的阵型：后卫、前卫、前锋，无论怎么样的阵型，都有这三条线。理论上把每个人的职能和位置区分开，但也考虑整个队伍的运转。组织就是各个队员之间的协作，对空间、时间和队员的管理。

并不是每个阵型都能让这个队伍获得胜利，阵型不是万能的，无好坏之分，好的阵型能帮助球队获胜；好的阵型能发挥每个队员的特点，并融入这个阵型中；每个阵型都有重要的角色，要知道角色的责任和重要性。

比赛就是协调各个位置的进攻与防守。如本方两个前锋速度都不快，加上本方四个前卫的速度都很快，充分利用前卫特点，前锋接应前卫，前卫来开空间来进攻。

(1) 3-5-2 阵型

阵型概述：如图所示，3 名中后卫、3 名中前卫、2 个活动范围大的边卫、2 名前锋。加强了中轴的实力。

3-5-2 阵型的优点：加强中场控制，中场断球，便于发动反击，进攻时边路有更多的空当；中间区域防守队员多，加强中场防守；阵型弹性好，进攻时 3-5-2，防守时边前卫回防，变成 5-3-2 阵型。如本方 1 : 0 领先，边前卫体力消耗过大，时间又不多时，可以变成 5-3-2 阵型。缺点：边前卫身后空当大，容易被对手利用。

解决方法：对后卫要求高，后卫策应这两个空当的防守；对边前卫要求高：良好的冲刺、跑动能力及技术。

3–5–2 阵型发展史：1986 年墨西哥世界杯，阿根廷为马拉多纳制定了 3–5–2 阵型，充分发挥马拉多纳在中场的作用，最终夺得世界杯；1990 年意大利世界杯，联邦德国利用 3–5–2 阵型夺得世界杯；1993 年马赛队，利用 3–5–2 阵型获得欧洲冠军联赛冠军；2002 年，巴西队中的两个边前卫卡福和卡洛斯在比赛中很好地发挥，帮助巴西取得了韩日世界杯的冠军。

（2）4–1–4–1 阵型

阵型概述：如图所示，4 名后卫，1 名中场，4 名前卫，1 名前锋。这个阵型攻守平衡、有利防守，整体比较协调，常用前场紧逼。

注意事项：此阵型对全队体能要求大；防守时要注意整体移动；对前锋控球和传球能力要求比较高。

（3）4–2–3–1 阵型

阵型概述：如图所示，4–2–3–1 阵型由 4 名后卫、两名防守型后腰、3 名进攻型前卫、1 名前锋组成。位置的要求：4 名后卫平行站位，两名后腰可以很好地协助后卫防守中路空当；左右两侧纵向通道各有两名队员，两人要呼应好，相对于 3–5–2 阵型在边路的防守就更加有效；边路的边后卫、边前卫技术技巧特点互补，对身体素质的要求比较高；主要是由前腰负责传球，调度进攻，所以对前腰要求比较高。由于要做一些快速转身、快速反应等灵活性很高的动作，所以前腰个子不能太大；两个后腰要有互补性，基本上是一个善于向前直传参与进攻，另一个善于协防补位，参与防守；前锋避免出现在两侧通道上，应主要活动在前场中路。

注意事项：4–2–3–1 阵型变化很多，防守时可变为 4–5–1 阵型，进攻时可变为 4–3–3 阵型。针对高水平队伍，4–2–3–1 阵型前锋与中后卫之间的距离一般保持在 3～4 米。

采用 4–2–3–1 阵型的球队：2014 年世界杯，德国对阿根廷的比赛中德国队采用 4–2–3–1 阵型，比较成功，阿根廷在中场休息时也由 4–4–2 换为 4–2–3–1 阵型；巴西队也是采用 4–2–3–1 阵型，但成功率比较低；哥伦比亚队也一直采用 4–2–3–1 阵型；法国队 2006 年世界杯决赛使用 4–2–3–1 阵型，2007 年法国队也在使用；俱乐部方面曼城队一直采用 4–2–3–1 阵型，穆里尼奥也非常推崇此阵型，不管在哪个球队都在使用。

(4) 4–3–3 阵型

阵型概述：如图所示，4 名后卫，3 名前卫，3 名前锋，该阵型的位置较为灵活，它要求队员能根据战势机动调整位置，同时在位置变换中又始终保持整体的组织性。同时也要注意整体的移动。

阵型特点：突出进攻的一种阵型。也就是俗称的全攻全守，荷兰队曾有一段时间使用这种阵型。

（5）4–4–2 阵型（蝶形）

阵型概述：4 名后卫，4 名队员在中场成蝶形站位，2 名前锋，队员横向之间的间距 10 米左右，前锋与后防线纵深 37.5 米，那么三线之间的前后距离在 12 米左右。三条线理论间距为 12.5 米。

阵型特点：有利于扩大防守纵深。优点：与 4–3–3 相比，进攻时比对手多了一名前锋，增加攻击力；缺点：防线层次较为薄弱。

(6) 4–4–2 阵型解析（菱形）

阵型概括：如图所示，4 名后卫，4 名队员在中场区域形成菱形站位，2 名前锋。

阵型特点：这样的站位能充分发挥前腰的水平，把前腰水平最大化。所以对前腰的技术水平要求很好，其他 3 名队员要有很强的回抢能力。后腰负责整个球队的防守核心，控球能力强，具有领导力，队长意识，视野开阔，头脑聪明，战术意图清晰，场上进攻组织者。边前卫：左右脚均衡，进攻与前腰拉开宽度和纵深，无球时充当防守型球员。两边后卫：良好的身体素质，时常在边路要面对以少防多。中后卫：身体素质好，纵深跑动能力强，头球好，互补性，有力量，且有聪明的头脑。

阵型：优点：中后场人数较多，配置强，能稳固防守，中轴线密度大，方便中后场控球；缺点：与 4–2–3–1 相比，两侧边路纵深防守较为薄弱。所以采用该阵型对球员要求较高，需要智商以及极强的位置意识，加强体移动。

注意事项：菱形中场的关键位置是前腰，技术水平要求极高，使用该阵型要把前腰作为球队的核心队员，球队最聪明的人来培养。对于我们在平常的比赛训练中，对于使用该阵型把前腰位置作为重点培养。当然其他位置也是很重要的；为了给前腰充分自由，对于后面的三后腰要积极给予前腰支持需要良好的身体素质和球技和积极的跑动能力。后腰是第二关键位置，1998 世界杯德尚为例就是很好的胜任者。如 4–4–2 菱形中场典型案列说明核心球员（前腰）在该阵型中的重要性。1988 年世界杯阿根挺国家队和 1998 世界杯法国都是典型的 4–4–2 菱形中场打法。马拉多纳，齐达内是该阵型中的前腰，核心人物，整个球队的技战术就是围绕他们而精心设计的，他们的得失决定球队的走向，而冠军的夺得更加应征了 4–4–2 菱形中场技战术的特点。

5. 战术训练方法实例

⑴ 传抢意识训练

场地：12 米 × 15 米。

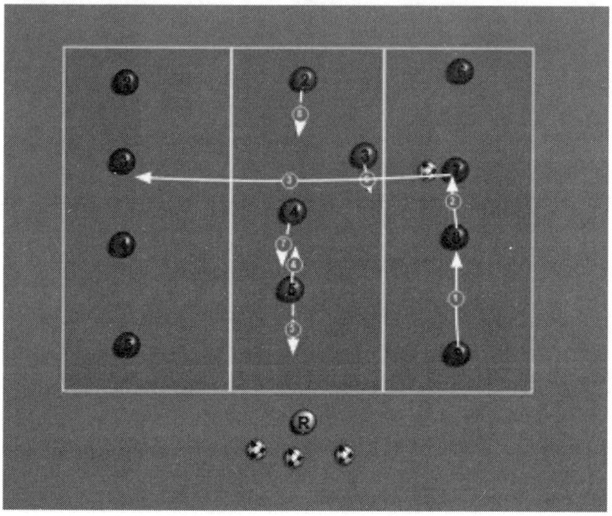

方法：红色队员互相传球，寻找机会直传穿越蓝队防线。蓝队在中间区域防守，阻止红队穿越传球。每次球权都交给红队发球。

训练要求：蓝色队员统一行动，相互保护，紧逼和保护明确，呼应。

变量：①限制红队脚数。②两端各设一个蓝队接应队员，蓝队拦截下来球后把球传到红队身后接应的队员。

适龄：6 ~ 11 岁

⑵ 攻防转换意识训练

场地：直径 9 米 +5 米。

方法：红队在中间小圈 3 打 1 传抢，蓝队抢断后传进外围的小门内本方队员得分，红队反抢。外围 6 个小门 3 个队员接应。

训练要求：地滚球、移动。接应及时。

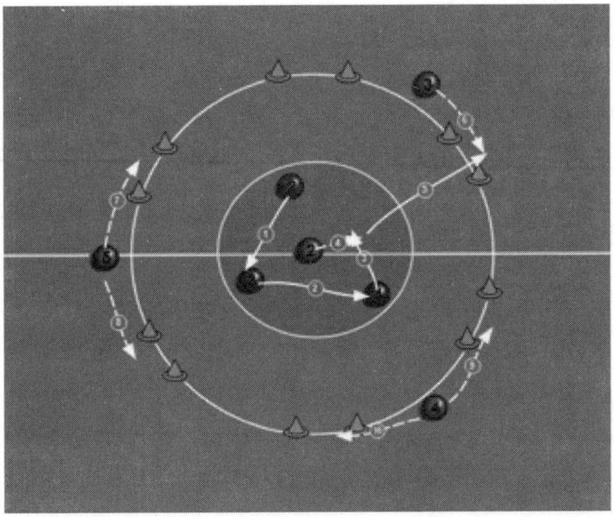

变量：

①增加攻防队员人数，增减接应人数。②蓝队成功得分后在大圈里 4 对 3 传抢，红队反抢后进入中间小圈，蓝队只能有一人进入小圈防守，其他蓝队队员在外围接应。

适龄：10 ~ 12 岁

④接应配合练习

名称：6 对 6 传抢练习。

场地：40 米 × 40 米。

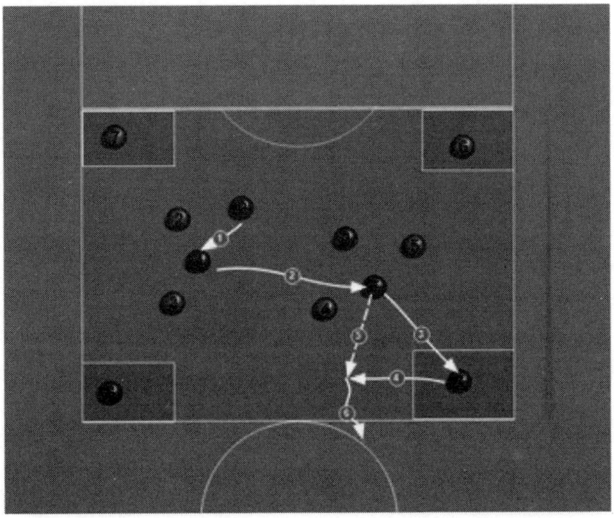

方法：红、蓝双方队员必须通过对面两角区域内本方队员配合才能带球过底线得分。

训练要求：地滚球、接应及时。

变量：①得分方式传球队友插入底线区域接球得分。②限制传球次数才能得分。

适龄：13～15岁。

(3) 占据和利用空间意识训练

名称：5对5。

场地：20米×20米。

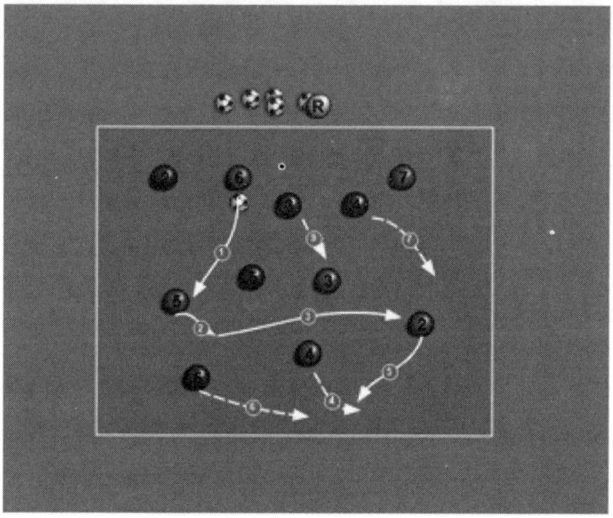

方法：双方传抢可以选择用手接球或用脚接球，用脚接球时对方只能抢断后获取球权，用手接球时对方只需触碰控球队员的身体就要把球权交给对方。连续传10次得1分。

训练要求：接应队员及时选位，呼应提醒有球队员。合理使用手或脚。

变量：增加自由人、改变得分方式。

适龄：7～19岁

(4) 区域和移动意识训练

场地：全场。

方法：场地划分为三个区域，由攻转守时在哪个区域丢球留一个队员逼抢延缓持球队员，其他防守队员快速退到后一个区域开始防守。

训练要求：整体队形保持，移动迅速。无球接应队员观察，由攻转守时快速抉择，集体思维的同步性，有球时拉开空间，无球时收缩空间。

变量：场地大小，人数，限制触球次数。8 人制和 11 人制场区。

适龄：16～19 岁。

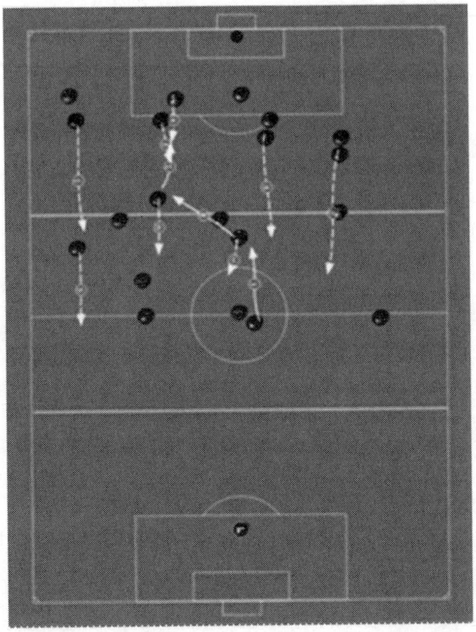

(5) 整体战术意识训练

场地：半场。

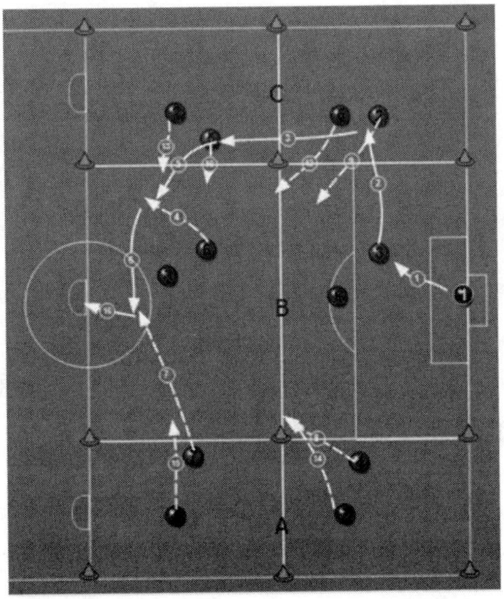

方法：进球得 1 分，进球时进攻队员必须过半场得分有效。

训练要求：防守时，球在 B 区域放弃 A、C 两侧区域密集 B 路。球在 A 区域放弃远端 C 区域密集离球近的 A、B 两个区域。

变量：①蓝队在 B 区域进球得分时，防守队员在 A、C 区进攻方加 1 分。②红队在 A 区进球得分时，防守队员在 C 区进攻队员加 1 分。

适龄：13 ~ 15 岁。

(6) 攻防转换和整体意识训练

场地：40 米 × 70 米。

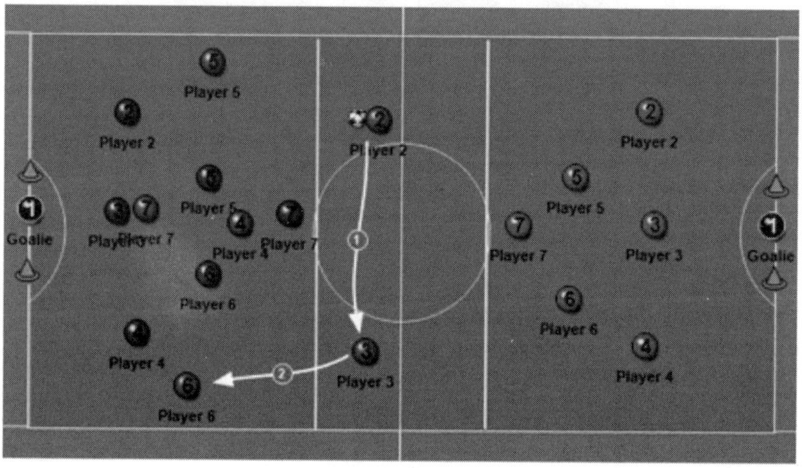

方法：①分蓝、红、绿三队，进攻方蓝队在过渡区时，守方红队不能在中间过渡区内抢球（如蓝队完成射门，得分有效，蓝队继续持球向过渡区和攻方 2 区进攻绿队。如红队将蓝队球抢断后，同样对绿队进攻）。蓝、红、绿三队攻防转换交替进行。②攻方持球进入过渡区，守方不能越过过渡区抢球。③攻方在过渡区内限制两脚出球。④蓝、红、绿队快速完成攻防转换，整体由守转攻行动快速统一。⑤攻方进球后，继续进攻另一侧防守方。如果守门员直接抛球到过渡区第三方可以上前防守。

训练要求：攻守转换时整体行动快，抢断后整体快速通过中场，进攻向前。

变量：连续前场抢断进攻得分加倍。

适龄：U16 ~ U19。

（五）心理训练

1. 心理训练的意义

足球运动员心理的问题影响个人和集体竞技水平提升。心理训练的意义在于：

①帮助构建团队，激发团体动力和凝聚力。

②帮助运动员应对不同的比赛情景。

③提高训练效益。

④帮助运动员人格完善。

2. 心理能力构成

①动机（没有动机就没有意愿去完成事情）。

②制定目标（包括训练和比赛）——促使学生有目标，有动力的转换成动机。

③建立自信心。

④控制情绪。

⑤紧张或害怕失败。

⑥放松状态转换到紧张状态的能力（赛场、场外、家庭影响）。

⑦注意力集中→控制能力→信心→动机。

3. 心理能力的特点

①心理能力是互相关联。

②心理努力是中期到长期的过程。

③考虑每个人的个体差异，教练员要了解每个运动员的心理背景。

4. 如何提升运动员心理能力

①通过情景模式训练。

②赛前比赛的加压，重视比赛过程轻比赛结果。

③设想比赛场景，提高队员的控制能力。

④设定目标，认可队员的进步和成绩。

⑤关注个别队员的心理。

⑥选择赛前热身赛的对手（比如强队或者弱队）。

⑦心理安抚，如比赛失利后。

5. 如何进行心理准备

①心理准备可以通过有规律的训练达到尽可能接近实战最佳的竞技状态。

②训练—持久性的训练，创造建立一种舒适的训练竞技状态。

③控制—控制自己的思想、情绪（会影响比赛中队员的竞技状态）。

如果队员控制好自己的思想和情绪，无论面对什么样的对手对自己情绪变化影响不大。队员的注意力不集中或精神涣散都会影响比赛中的状态，所以运动员要学会自我控制情绪。职业运动员拥有坚强的意志和心理是必不可少的。

心理方面的准备是指从比赛中脱离出来看他的各个方面的因素，如家庭、生活训练等，有些是教练员不能控制的，但是教练也要了解。

6. 教练员如何对运动员进行心理方面评估

①观察。

②交流和讨论。

③视频。

④对球员的了解，包括场内场外的了解（家庭情况等）。

⑤教练员的个人经历。

⑥一起合作的整个教练团队。

7. 教练员如何进行目标设置训练

设定好目标对比赛和训练很重要，在训练和比赛中都会分成不同的步骤和阶段，再循序渐进地得到进步。把目标分成不同阶段的步骤的好处优点：对于提高精神注意力是很有帮助的，可以增强自信心，增强他们的表现和决策能力，也可以使球员拥有主动性，积极性和持续性。

设置目标前首先要区分不同的目标：

①区分出想接近的目标（积极的：我想达到的目标）和想避免的目标（负面、极的）。

②过程目标：技术、形式。

③结果目标：更关注自己与其他队伍的比较（排名、胜负）。

④更倾向于积极想要到达的目标和过程目标，结果目标虽然很重要，但是排在过程目标后面。

目标设置要考虑的因素：

①难度：竞技的水平不能太难或太简单，但要比平时的水平要高一些。

②特定性：我们的目标要在质量和数量上有个确切的设定（例如一次训练中要实现 5 次射正球门的次数，或者指定左右脚）。

③时间的远近：根据下一场训练或比赛距现在的时间，设定训练目标，更倾向于近期的时间。

④复杂性：每一次训练的同一时刻只能有一个目标（比如：训练弱势脚）。

⑤控制能力：要达到目标的话要完全取决于个人能力（例如一名守门员设定目标为进 10 球，是很困难的）。

⑥强度：为了达到目标个人所投入和努力的程度。

8. 教练员如何对球队进行情绪管理

(1) 沮丧失望怎么处理

举例：法国在 2014 年世界杯，第一场 0∶2 输给乌克兰之后的情绪调整。鼓励那些给球队带来积极影响的球员，3 天后法国 3∶0 赢了。教练团队是怎么做的呢？

①萨克等球员，让具有奉献精神爱国主义的价值观的球员先上场。

②纳斯里这样的性格比较有争议的运动员就让他在替补席，没有了出场机会。

③平时大家很少看到法国队非常团结的时候，但是在那场比赛中非常团结。

(2) 如何管理受伤后队员的情绪

举例：一位优秀的橄榄球运动员（约翰·威金森），通过不断地训练来强化自己的动作，让自己动作一直固定，即使受伤也会用另一只脚训练，让自己成为一个完美主义者，左脚会的一定让右脚也可以做到。

让运动员把注意力放在自己的强项上，让他的强项更强，忘记自己的弱点。

(3) 掌握激励的手段

举例：德尚激励摩纳哥。

我们面对的对手非常强大，应该用最少的付出来获取很高的效率。皇马的一个队员在嘲笑我们。我们也有自己的优点和强项，对方虽然很强大，但是他们没有我们做的准备充分。用这样一种方式在激励队员，重新建立自己的信心。最终结果摩纳哥战胜了皇马。

9. 心理训练小结

①比赛要像在训练中一样。

②在训练中构建一个比赛的情境是非常重要的。

③在训练中提高难度能够使比赛变得更简单。

④体育运动的目标等于追求胜利。

⑤一个运动员或队伍想达到自己的预期目标，大部分都是达成不了的，赛场上的表现受很多因素的影响，所以不能只关注结果目标。

⑥教练员应该学会使用反馈这个途径，要善于把信心反馈给自己的队员，而反馈的信息是要非常精确具体，可以衡量的，这样使他们把自己的表现和所追求的目标有所比较。

⑦设定的这些目标是可以相应调整的（比如人员受伤、进步情况），这些目标应该被队员所接受，所以说在设定目标的时候需要教练员和队员的合作。

10. 心理训练方法实例

(1) 练习注意力集中和反应

主要在热身时候练习。

练习方法：球员在中圈移动慢跑，根据教练员的指令做出反应。如数数抱团、坐下、蹲下、趴下、跑出圈外等指令。

做出反应最慢的队员要受到惩罚，如俯卧撑等。

(2) 练习注意力集中和凝聚力

练习方法：分3个组，小组队员之间手拉手移动，结合球，可以相互之间传球、颠球等，从起点到终点，第一个到达的小组获胜。

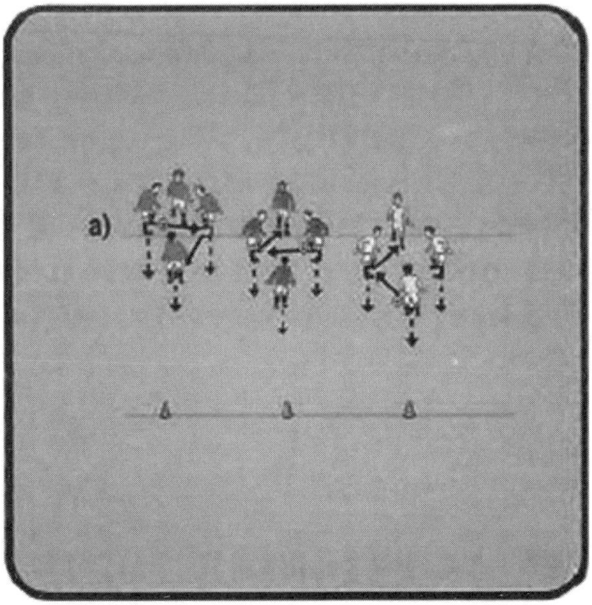

(3) 凝聚力练习（适合10~15岁）

练习方法：在罚球区范围内，挑选一名队员当“狼”，去触碰其他队友，也可以把其他人脚下的球踢出界外。被触碰到的人或者球被踢出去的人，也变成了“狼”。

(4) 注意力集中练习(适合 10～15 岁)

练习方法:在中圈(很小的范围内)聚集很多的队员,教练员给出指令,比如后退跑、带球等,但不能触碰到其他队员。触碰到其他队友的队员,被罚出场,通过颠球或做俯卧撑,再返回场内。

三、法国文化面貌和地区特色

法国,全称为法兰西共和国,位于欧洲西部。首都巴黎是法国政治、经济、文化和交通中心,卢浮宫博物馆和巴黎圣母院誉满全球,香榭丽舍被誉为世界上最美丽的大街,其地上与地下交通四通八达、非常方便,每天客流量达 1300 万人。巴黎的标志建筑——埃菲尔铁塔像一个钢铁巨人高高地耸立在恬静的塞纳河畔。法国是世界第一旅游大国,每年前来旅游的外国游客多达 7000 万人,超过法国人口总数。旅游业已成为法国营业额最高、收益最好、创造就业机会最多的行业之一。法国有 20 多处风景名胜被联合国列入世界文化和自然遗产:以卢浮宫和圣母院为中心的巴黎塞纳河滨、凡尔赛宫、枫丹白露、斯特拉斯堡、圣米歇尔山、尚博尔城堡等。

（一）图卢兹

图卢兹位于法国西南部，距离巴黎 700 多公里，是法国西南部比利牛斯大区首府，城市建于拉泰拉勒——加龙运河和南运河的汇合处。古代是沃尔卡埃泰克托萨热斯的要塞。人口 40 万，面积 118 平方公里，是法国第四大城市，法国和欧洲航空与宇宙工业中心，是空中客车（Airbus）、达索战斗机的生产基地，还有众多实力雄厚的电子和制造业公司。图卢兹是法国著名的大学城，是仅次于巴黎的法国第二大大学城。现有大学生 11 万人。图卢兹同法国其他南部城市一样，散发着天然和古朴的气息，有遍野的葡萄园和欧洲最大的古堡，十足的欧陆田园风光。图卢兹具有代表性的博物馆有奥斯汀博物馆、战场博物馆、水堡摄影陈列馆是欧洲最古老也是最受欢迎的摄影陈列馆。

（二）马赛（艾克斯）

普罗旺斯位于法国东南部，毗邻地中海和意大利。普罗旺斯境内有艾克斯（Aix-en-Provence）、马赛等名城。马赛（Marseille）是座有着 2500 年历史的古城，也是法国第二大城市和第三大都会区，是普罗旺斯的首府。它位于地中海北岸，原属于普罗旺斯省（Provence）。它是法国最大的商业港口，也是地中海最大的商业港口。马赛是法国最大的海港，景色秀丽，气候宜人。它是法国历史上最悠久的城市，始建于公元前 6 世纪，后衰落几乎绝迹，10 世纪再度兴起。1792年法国大革命时期，马赛人高唱《莱茵河战歌》进军巴黎，激昂的歌声鼓舞着人们为自由而战。这首歌后来成为法国国歌，被称为《马赛曲》。市区的主要景点包括贾尔德圣母院、伊福岛堡、马赛美术馆、古救济院以及一片葱绿中的隆尚宫。

马赛港分老港和新港，老港在城市的北面，如今成了游艇的码头。新港区在城市的西面，在欧洲仅次于荷兰鹿特丹港，是欧洲排名前五的港口。这里是几千年来东方货品输入西方世界的重镇，所以马赛城弥漫着混杂的异国气息。

（三）蒙彼利埃

蒙彼利埃位于法国南部，地中海沿岸，位于前往西班牙与意大利的中心位置，距离地中海 7 公里，蒙彼利埃经常出现在法国人最爱城市的名单上。蒙彼利埃经莱兹河与海相通，是朗格多克－鲁西永大区（Languedoc Rossillon）的首府和埃罗省（Hérault）省会，是法国第六大城市，也是法国西南部最重要的商业、工业中心。

蒙彼利埃在地中海柔和光线的反射下，散发出令人无法抵挡的魅力。白天，古老的街区、绚丽的花园使漫步的人们流连忘返；而戏剧、电影、歌剧更让黑夜变得格外热闹。蒙彼利埃市位于法国南部，靠近地中海，距巴黎700多公里，乘高速火车3个多小时，是通往西班牙的必经之路。大海、水域、葡萄园、森林是这一富饶多姿、生活环境品质上乘的地区的自然优势。

（四）波尔多

波尔多，是法国西南的一个港口城市，位于加龙河（Garonne）下游，距大西洋98公里。1870年、1914年和1940年曾为法国政府所在地，是巴黎，里昂，马赛之后的法国第四大城市，是阿基坦大区的首府，同时也是吉伦特省的首府。波尔多是欧洲的军事、航空的研究与制造中心，还是法国战略核弹研究和物理实验的核心，拥有原子能研究中心和兆焦激光计划等许多高端技术机构。

波尔多有得天独厚的自然环境，在法国首屈一指。虽为河口港，却在狭长数十公里的吉伦特河的护卫下，免去海洋直接的冲击，港口平静而广阔，既有海洋的无限拓展性，又有平原城市的广大腹地。波尔多处于典型的温带海洋性气候区，全年温暖湿润，有着最适合葡萄生长的气候。常年阳光眷顾，让波尔多形成了大片的葡萄庄园，葡萄酒更是享誉全世界。最著名的就是波尔多的葡萄酒。

波尔多是一个拥有历史和艺术特点的城市，有着法国最大的老城区历史艺术保护区（150公顷）。2007年6月28日，波尔多市被联合国教科文组织评为世界文化遗产。波尔多葡萄种植面积居法国三大葡萄酒产区之首；仅仅以波尔多地区来说，酒园和酒堡已经超过9000多座。

第三部分：留学收获

一、理念与方法

（一）对法国足球训练理念的认识

1. 法国对足球教育的认识

在法国的青少年足球培养体系中，青少年运动员从参加足球训练的开始教练员就会向小孩子灌输团队协作思想，如何保护自己身体，如何学会健康饮食，如何学会控制情绪等。足球在发挥自身教育功能的同时也更加注重和家庭教育、学校教育的结合。因此足球不是他们生活的全部，只是生活的一部分，生活中最重要的是他的家人和朋友。通过正常的家庭生活和校园生活，孩子能学会人与人之间的交流，得到尊重，感受亲情、友情带来的温暖，对他们的人生起到积极作用。在成人之前，无论是专业还是业余的足球训练，运动员始终不会脱离学校和家庭，这样做是为了让孩子一直处在一个良好的教育环境中，因为他们认为足球训练的过程就是一个教育过程，不能因为足球让孩子缺失了某一方面的教育。让孩子成为一个人格健全、能够很好的适应社会的人才是足球最重要的任务。比如说，法国学校青少年的联赛 U17 以下是不安排全国联赛的，因为他们担心这样会耽误队员的学业，同时会造成各地区之间的不良竞争，使一部分孩子被迫离开家庭，被选拔到其他地区进行训练。在青少年球员中，极少数能在 18 岁以前拿到职业俱乐部合同，其中有很多有天赋但是行为习惯不够好的球员，由培训机构为他们提供完善的教育环境，改变他们不够成熟的思想、态度，最终使他走向职业道路。与其说足球成就了一名球员，不如说是教育成就了他。另外还有一些球员，即使没有成为职业球员，但是他们能够继续进入大学学习体育管理、运动医学、足球经理、足球教练、体育教育等，他们可以选择适合自己的专业继续学习。同时，球员还掌握了足球技能，他们可以在半职业联赛里继续享受足球带给他们的快乐，人生才刚刚开始。如果没有拿到职业合同的球员，失去进入大学的机会他们无法找到更好的生存机会，法国人会认为这种培训是很失败的。因此，在对俱乐部和培训中心评价的时候，培养的球员除职业球员以外，其他球员进入大学的升学率是评价俱乐部排名的重要条件。通过这样的评价，促使青少年的足球培训不能仅以输送运动员为主，更注重对全体运动员的教育问题，让他们成为一个能够很好适应社会并拥有健全人格的人。通过这样的模式，足球环境里的运动员、教练员、工作人员的受教育程度将会得到保证。良好的行业口碑才可以吸引更多家长愿意把孩子送来参加足球训练，因此在法国青少年足球培训最重要的是教育。

2. 科学的研究和完善的教练员培训体系

在法国，足球不仅仅是一项运动，也是一门学科。他们将关于足球的所有知识进行归纳，从训练准备、生理、专业基础知识、训练、体能、运动框架、心理等各个方面进行全方位的研究。同时在实践中不断设计各种训练方法和教学模式进行尝试，取得成果后在全国推广执行。理论是给教练最基本的指导，教练员在执行的同时可根据所遇到的实际情况进行调整，但是主导的训练理念不能变化，要贯彻法国足协统一的训练方法，这样每个年龄阶段之间的训练就有连贯性，保证了队员训练的系统性。依此我们能够想象到法国足球在这方面做了大量的科学研究，他们让所有的训练资料都进行可视化归纳总结，在实践的过程中逐步去修改和完善这一套体系，才逐步形成了自己特有的体系。法国的青少年足球训练中，教练员在什么年龄阶段达到什么样的目标，主要训练什么方面，通过什么样的方法训练，在这个过程中哪些能做，哪些不能做都有明确的要求。这对于今后的足球训练将有指导性的作用，这样的体系使法国教练员对于足球训练理论和知识的理解高度一致。无论是哪一个级别的教练员还是体能教练，每个人对足球训练理解的重点和介绍的方法都高度一致，包括法甲波尔多足球俱乐部所看到的各个年龄阶段的训练，也和所讲的理论没有任何差异。这说明，法国足球不但对足球本身有着科学的研究，同时他们也将这套科学训练体系一层层地贯彻到了最基层，形成了一个严密的体系。在这套体系下，各个年龄层次的教练员严格执行训练体系内的要求，将足球人才从最底部推选到了国家层面的队伍。

3. 健全的联赛机制和青少年培养体系

在法国共有 17 级联赛，从地区级联赛一直到国家级联赛，从业余联赛到职业联赛，逐级晋升，有升降级。各级联赛有专门的人负责，对联赛进行管理和评估，以促进联赛的健康发展。每个俱乐部都拥有自己的发展历史，可以说顶级的俱乐部都有着悠久的历史积淀，如果现在组织一支队伍到达到职业联赛必须从最低级开始打，比较好的结果是，经过 20 年这支队伍才有可能达到职业联赛（法国的职业联赛只有法甲和法乙。另外，从事各级俱乐部管理的大部分人员都是志愿者，他们在法国足球的发展中起着至关重要的作用。法国足协规定，所有注册的俱乐部要建立健全自己的管理和青少年培训体系，每个俱乐部从 U13 、U14、U15、U16 、U17 、U19、女足、业余训练等都要建立自己的体系，并配备专业的教练员。这样健全的联赛机制和完善的青少年培养体系令人吃惊。不仅职业俱乐部如此，在各个层级业余足球俱乐部中都有自己完善的培养体系，在这种体系下未来培养出优秀人才也是必然。

（二）对法国足球训练方法的认识

法国青少年足球训练高度重视实用性，从比赛中来再回到比赛中去，是法国足球训练追求的终极目标。从训练的设计、场地的安排都从比赛的实际出发，尽可能最大限度地让队员感受比赛的真实场景，一切为比赛服务。

1. 教学法

法国青少年足球训练的教学法分为两种：主动性教学法和指导性教学法。

在训练中，主动性教学法是教练员发现问题后通过情境的设置、提问和引导的方式促进运动员积极地观察、主动的思考和决策的一种教学方法。在训练中教练员为了提高队员技术和战术掌握的熟练程度，让运动员按照要求有目地进行大量的重复训练，这种教学方法就是指导性教学法。主动性教学法的目的是使队员学会自己思考，最终能够自己发现并解决比赛中出现的问题；指导性教学法的目的主要是：当发现比赛中出现的问题后，需要一些技术和战术的支撑，就通过对技术和战术的大量重复训练，来提高队员对技术和战术的熟练程度。指导性教学法是提高队员在比赛中决策后的执行能力，主动性教学法则是提高队员思维决策能力（比赛的适应能力）。技术和战术是表达思维决策的一种途径，而思维决策能力则是要通过对信息的获取和分析获得的，两者之间相互补充。

2. 教学模式

法国人发明了 3P 教学模式，这也是他们青少年足球训练理念的结晶。主动性教学法和指导性教学法结合 3 种不同的教学模式使训练变得更有针对性，从而大大提高了训练的效率。

(1) 执行教学模式（PME）

是指导性教学法，是指教练员让队员按照要求完成训练，让队员在无对抗或有对抗的情况下反复进行练习，在练习中要提出对训练的要求，告诉技术和战术的一些解决方案，如如何运用技术、如何移动等，是一种对技术和战术的强化训练，通过训练使球员技术和战术更加稳定。

(2) 战术决策教学模式（PMDT）

是主动性教学法，主要在情景模拟教学训练时使用。这种训练方法在对抗人数不相等的情况下进行，将情景设置的目的和动作指令告诉队员，让队员重复进行训练，教练员可以给出建议，与队员互动，增强队员对不同情景的适应能力。这种训练方法可以节省时间，是一种更有效率的训练方式，

(3) 自我适应教学模式（PMAA）

是主动性教学法，教练员进行对抗训练的时候采用这种教学法。首先给队员一个目标，对球员的动作提出要求，让他们自己在遵守规则的前提下自由地进行对抗，教练员通过观察发现问题后叫停，提出问题，引导队员自觉发现问题并通过努力去寻找答案。通过这样的方法增强队员对不同情景的适应性，使队员学会自己解决比赛中出现的问题。这种训练方式可以提高他们的主动性、动机性和好奇心，也是队员最感兴趣的教学法。

其中主动性教学法可以结合自我适应教学模式和战术决策教学模式使用，指导性教学法则可以与 3 种教学法中的任意一种结合使用。在法国主要提倡使用主动性教学法。通俗地说，战术而决策教学模式和自我适应教学模式可以教会孩子用脑子踢球。

3．课堂结构

法国的一堂训练课一般分为 4 个步骤，包括对抗——情景——技术练习——对抗。这种合理的训练步骤安排与他们一切从比赛出发的训练目标完全一致。在训练课中保持了训练的高度一致性，从开始到结束紧紧围绕主题，有针对性地解决出现的问题。

最重要的是在训练课的组织和设计上。教练员在训练前需要花费大量时间进行思考和设计，让对抗、情景、技术练习、对抗 4 个环节紧密联系，通过对抗使队员发现自身存在的问题并在教练员的引导下自己寻找解决办法。发现解决问题的办法后，通过情景训练来强化。如果出现技术问题再运用技术练习提高技术能

力，最后回到对抗再反复运用。这种教学流程让队员的学习保持一个连贯性，主要提高队员在比赛中的适应能力，使队员在遇到问题时首先知道怎么解决，需要运用什么战术、技术，而且会通过大量的重复练习来提高战术和技术运用的熟练程度，保证训练课能够流畅的进行，提高训练的效率。这就是为什么我们在平时观看一些国外孩子训练时技术并不突出，但是一到比赛场上却适应能力很强，运用动作也非常合理的原因。这才是真正的从实战出发。

4. 对技术形成规律的认识

足球这项运动，技术是发挥运动员所有能力最终的表达方式，也是让足球运动员表达自己足球思想的唯一途径。运动员在场上出现的技术失误是因为教练员在平时训练中没有多次地重复，不应该去责怪运动员。因此，对于技术的掌握最有效的方式就是通过大量的重复来提高技术动作的速度及准确性。在训练中教练员要充分了解自己的队员，为每个运动员制定个性化的技术训练，让技术动作经过无数次的重复后，成为一种习惯性的动作，使运动员能够在比赛中良好地掌控球。同时，还要保持运动员技术的连贯性，就是指将各个方面的技术衔接起来，强调通过小碎步、支撑脚的选择和球感来支撑技术的连贯性，让运动员对球的控制达到人球合一的境界。

对于足球，人们都有各自不同的认识，但是真正能像法国人这样认真的去钻研足球的，又有多少呢？先进的训练理念不会总是先进，总有一天会被新的理念所取代，促进足球训练理念不断发展的真正原因应该是不断的创新。从拉巴特老先生的身上我们感受到，他一直在学习，也一直在创新，虽然他已经 70 多岁了。

（三）对法国足球系统管理构架的认识

在法国的学习期间，法方专门设计有对法国足球机构的认识的相关课程，虽然与足球的训练比赛没有直接关系，但是 30 个小时的课时量还是能充分说明法方对相关内容的重视。本课程的目标在于让我们了解法国足球的不同机构和组织形式，通过对法国足球运动组织形式的学习，提高我们对足球项目的管理和运营水平。

本课程涵盖了法国足协、职业联赛、足球的组织架构、职业足球协会组织架构（LFP）、学校足球活动的组织等理论内容，以及对地区职业俱乐部、训练中心、业余俱乐部、学校体育组、学校体育课、地区大学体育委员会等组织和社团的参观观摩。

1. 法国足球的管理现状

通过课程的学习，我们了解到法国的足球相结合管理体制不同于欧洲其他国家的管理体制，法国足球是政府主导与社会合作的管理模式。法国足协是管理法国足球的最高权力机构。国家通过法国足协来管理法国足球运动。法国足协主要有两大职能：1）组织职能。在全法范围内，以各种形式筹划、发展及监督法国的足球教育与实践；建立和维持与运动员、俱乐部、裁判、地区联盟、职业足球联盟和业余足球联盟的联系；保护法国足球的利益；处理同国外足球组织以及和国内体育届、法国政府部门的关系。2）赛事职能。法国足协授权其下属机构LFP（法国职业足球联盟）管理职业赛事：L1（甲级联赛）、L2（乙级联赛）和法国杯赛；法国足协还负责组织其他一些业余联赛、女子联赛等赛事；法国足协还管理着各个大区和地方性的联盟和裁判。

2. 法国足球的联赛体系

法国足协主要授权其下属机构LFP管理法国各级职业赛事。法国足球在国家层面共有6级联赛体系，其中法国足协主办职业级别有法甲、法乙，此外还有法国足协主办的法国杯比赛，业余足球也分为甲级和乙级联赛，再往下就是地区联盟组织的业余比赛。这六级联赛有升降级制度。女子联赛也分为（D1、D2、D3）三个级别；还有青年联赛、企业联赛及其他杯赛（U18法国杯、女子法国杯等）。

3. 法国地方的足球组织架构（阿基坦地区）

法国目前共有22个大区（到2016年变为13个大区），波尔多隶属于阿基坦大区。阿基坦的足协机构中有一个管理委员会，包括主席，6个副主席，1个代表副主席，另外5个为下一级代表，1个秘书长，财政总长。所有这些人都没有工资，都是志愿行为。根据1916年法律，组成议会，每个地区都会派代表参选，所有这些职位都是民主选举产生。每个协会的技术人员是有拿工资的（8人拿工资），会有大区技术协会，也会有大区技术委员长，也是本区技术团队的领导者，他是主要的协调者和组织者；女足技术专员；还会有4个技术委员，他们的工作包括培训教练员，足球项目推广，发展足球事业等；还包括训练中心主任；有专门的裁判工作负责人。行政团队负责比赛的安排，以及入会规则和协会注册工作，司法方面的工作。

阿基坦地区足协共有26个委员会，包括了法国足协的所有部门，包括社会事务、裁判、青少年、大区发展等 26 个委员会，这些委员的工作人员都是无偿工作的。大区发展委员会是起草政策、计划制订，以及负责调研、跟进，将落实情况反映给管理委员会。阿基坦大区有 8 个足协，吉隆特省共 4 个足球委员会，每个市都有自己的足球协会，都属于 1901 年协会的产物，各省的足球委员会都与大区机构的组织结构相同。

4. 法国的青少年足球培训中心

法国非常重视青少年足球运动员的培养工作，足协设有足球技术委员会（DTN）来负责全国的青少年的足球技战术的提高。全国的青少年可以在 14 个足球培训中心进行训练。波尔多就有一个这样的培训中心——POLE ESPOIRS。进入 U14、U15 时，优秀队员会被选拔到这里进行训练。以上这些年龄段的球员在参加训练的同时也要上学，但是足协会跟国民教育部协商，不为这些孩子下午安排文化课以便于下午训练。为了更方便安排学习和训练，这些孩子也一般都选择在私立学校上学。此年龄段的俱乐部梯队有时也会请一些教师到俱乐部给他们上课，费用由俱乐部承担。

5. 法国的校园足球

学校体育课中有足球项目，体育协会、联盟中也会有足球项目。初中、高中还有一个足球兴趣班，30 人左右，他们一般不是来自同一个班，每天下午没有课，只参加足球训练，这些孩子有些在外边的各个俱乐部训练，国家也有相应的比赛针对这样的年龄组开展。这样的组不是每个学校都有（波尔多地区也只有 2 个中学，5 个高中有，阿基坦地区共有 28 个这样的运动组，涵盖几个年龄段）。

除体育课以外学生还可以参与小学运动联盟组织的各项活动。初、高中除必修的体育课以外，也有国家中学运动联盟组织的各项活动，大学有大体联。从小学到大学每个阶段都有与足球相关的活动（如：由国家中学运动联盟组织的法国中学冠军赛；大学也有这样的冠军赛由大体联组织）。从中学和大学的联赛中选拔的队员可以参加欧洲的中学、大学的各种比赛。

6. 法国足球管理体系中的弊端

法国讲师普遍认为：目前在法国足球管理体系中问题最大的是各个职业俱乐部的培训中心。他们把优秀的青少年球员从全法国各地招收到自己的培训中心，这些孩子只有 11、12 岁就收过来，这样会对他们的成长很不利。心理上的影响会很大，也会影响他们未来的竞技表现。比如教授我们 U13~U15 课程的 Pedro 老师，当他 13 岁的时候，被蒙彼利埃的俱乐部招收，可是他的家在法国中部，离家非常远，也不能经常回家，所以他踢了 1 年就想家了，这对他的发展产生了很大的影响。还有一个问题是：队员从很小的年龄开始就在俱乐部训练，他们不会进入学校学习，跟社会脱节，跟其他人的交往比较少。这样培养出来的不是正常的公民，只是球员。对球员本身来说，从 U13 就在俱乐部培训的一个孩子，在若干年之后如果不能成为职业球员，对人的一生的影响特别大。

另外还有一个比较严重的问题是：在目前法甲法乙这个级别的联赛，教练员都是年龄比较大的。年轻教练员进入高水平俱乐部进行执教比较难。这也是俱乐部的理念问题。不敢尝试使用年轻的教练员，会对青年教练员的培养产生不利的影响。

7. 法国足球管理体系对我们的启示

法国的足球管理架构与我国的管理架构有诸多相似之处。这对我国足球体制改革有一定的借鉴意义。足球体制改革不应该脱离国家的管理，应该坚持走政府主导与社会合作的模式。

我们也应该学习法国先进的青少年培养经验，建立相应的青少年足球学习中心，加强体教结合的培养模式，并为俱乐部培养青少年运动员减轻负担。这样的培训中心既能进行高水平训练，又能有比较好的文化学习。所培养球员的公民性会比较完整，随后还会进入俱乐部，多接受几年教育。这样选拔出的优秀球员往往能在俱乐部有更稳定的表现。

要重视教练员的培养，特别是青年教练员的培养。法国的理念是最优秀的教练员应该培养低年龄段的队员，这样可以让孩子在足球的成长过程中打下坚实的基础。

二、优秀学员总结摘编

（一）马赛学区

马赛一班　葛乐（内蒙古农业大学）

怀揣着足球梦、好奇心，经历 18 小时的长途跋涉终于到达了驻地普罗旺斯艾克斯，激动的心情无以言表。到达目的地已是凌晨时分，先行部队代表提前在宾馆迎接，我们按两人一组分配到各个房间，法国学习生活正式拉开帷幕。

第一周以准备工作为主。为了使大家尽快地适应这里的生活，法方给予了各方面的帮助和解答，并安排了一个简短的欢迎仪式。法方在衣、食、住、行等方面考虑得非常周到，为我们提供了一套训练学习大礼包，从半袖到棉服，从秒表到水壶，真是无微不至，很是感动。吃饭问题有点头疼，早中晚全部是正宗的法餐，经历了三天这样的饮食结构，大家都有点受不了了。经过双方协商，法方同意给我们提供一次中式晚餐，虽然不如国内的味道正宗但也解了燃眉之急。幸好我们驻地可以做饭，时而可以给自己改善一下生活。驻地宾馆环境优美、安静、整洁，唯一不习惯的就是床小，据说这是法国人浪漫的表现。驻地距离学校大概20分钟车程，法方给我们每人办理了公交卡，总体来说出行便利，沿途也是风景秀丽。训练学习地点安排在艾克斯马赛大学，每天按时上下课，感觉又一次回到了学生时代。

经过几天的熟悉，初步对艾克斯有了些了解，这个优雅宁静的小镇别有一番韵味。景美，人美，全民素质高，举止文明，待人和善，真不愧是一个集文明与浪漫于一体的国度。

首先为大家介绍一下教练团队，可谓阵容豪华：

SIGNORET Gilles：足球国家二级证书 D.E.F，马赛大学体育教师，法国大学足球队教练，三次全国比赛冠军，2013 年喀山获得世界大学生足球比赛世界冠军。

FELDMULLER Christophe：足球国家一级证书 B.E.F，普罗旺斯地区萨隆教练，地中海足球队教练，六次获得普罗旺斯地区冠军，获得罗纳、帝朗斯和巴邦塔纳杯。

GELAS Camille：CFF1、CFF2、CFF3，普罗旺斯地区足球教练员，U15、DHR 埃克斯足球俱乐部教练，2015 年埃克斯足球俱乐部教练、圣埃蒂安培训学校教练、乌迪内斯培训学校教练、尤文图斯俱乐部数据分析师。

ZMYSLONY Francois：运动教育国家二级专业 BE2，艾克斯马赛大学体育老师，SUAPS 守门员教练员、奥林匹克马赛女足教练员、法国女子国家队守门员教练、全国大学生冠军。

CONESA Serge：AFPA 训练中心教练，艾克斯马赛队副教练，奥林匹克马赛 2009—2010 年法国甲级联赛冠军、联赛杯冠军、法国超级杯冠军。

课程安排是理论课与实践课相结合。法方的实践课教学方法非常新颖，由热身对抗、协调性练习、情景练习、技术练习、对抗五部分组成。五个部分紧密围绕本堂课的主题，环环相扣。根据不同训练主题选择不同的训练场地和区域。合理计划和安排每个部分的练习时间。同时还注重培养我们每名教练员具备观察、找问题、纠正错误、引导队员的能力。法方将教学方法分为两类：一是积极教学法，让运动员在练习中积极主动地听、练，教练员致力于练习场地之外，鼓励激励队员投入到练习之中，并在练习过程中观察队员掌握情况，观察教学目的是否达到。发现训练中所存在问题应立即停止练习，不直接指出问题的核心与关键，而是向队员询问这样做有没有什么问题，让队员自己发现并解决问题，使队员的记忆更加深刻。再恢复练习后队员正确的解决了所犯的错误或出现的问题教练员应及时的鼓励队员。二是指示指令教学法。其中包括示范、重复、纠正、变化。教练员在练习过程中主要负责示范讲解，观察与纠正练习中的错误，不断重复。变化练习方式，增加练习难度。通过不断的重复练习努力使队员的技术动作自动化。教练员的站位、选位也很重要，需观察到每一个队员的表现。

法国青训的模式和理念也是值得我们深思的，这也是我本次学习期间的重要体会。下面我就简单概述下法国青训体系：青训中心——预备队——U19、U17、U16（统称为“培训”），在法国有 6 支队伍参加 U19 的比赛，10 支队伍参加 U17 的比赛。预备培训是培训低于 15 岁青少年的。U9~U13 在青训中心进行培训。U6~U8 在足球学校进行培训。U5 参加的是预备培训，U13 参加的是培训。俱乐部接收 5 岁以上的孩子，U7~U13 的队员只比赛不排名，学校校队在每周四进行比赛，俱乐部在周末比赛，U13~U15 可以和俱乐部签订合同，合同期为两年，到 U17 后可以续签两年，到 U19 再续签才可成为职业运动员，如果中间有间断就会成为业余球员。

每年政府都会向市民开放体育中心和各类音乐艺术培训机构。其中，体育兴趣班的收费与音乐、绘画、舞蹈等相比更为低廉，一年不过 100 欧元便可在专业教练指导下习练体育项目和定期参加有组织的体育活动。作为城市服务的一部分，这类兴趣班享受政府补贴，费用高低根据市民收入和纳税情况分档。

5~14 岁的孩子除了每周三固定的体育课外，学校组织的各类体育社团足够填补每天下午三点一刻放学后、每个周三下午和周六全天的空闲时间。升到中学，学校不再统一组织兴趣班，而由学生自己组织的各类协会取代。无论是当地市政府的体育机构、学校的体育社团还是作为非盈利组织的业余俱乐部和协会，通常都租用政府兴建、维护并拥有产权的社区运动场地。高效利用公共设施和空间的同时，也更方便学生和市民就近参与体育活动。另外，社区的体育设施也会在每周的几个固定时段，免费向 14 岁以下人群开放。法国足协这一隶属于体育部，但在法律框架下相对独立的非营利性机构，则以组织赛事的形式为社区足球提供了上升动力和空间。

这样的背景下，不难理解法国足协何以拥有二百多万注册会员。即便把这一统计限定在经常踢球的人中，这个6000多万人的国家也有惊人的190万人在踢足球。一个国家足球的兴起，需要基础设施和管理体制建设。法国每个俱乐部都有足球学校，严格训练可使球员达到非常高的专业水平；俱乐部管理水平也需要非常高，年轻人在那里既完成职业足球的训练，又成长为全面发展的人。

法国的足球理念正是如此，俱乐部的发展离不开一套完善的球员培养体系，俱乐部通过逾百年的建设积累丰富的青训经验，球员从青训俱乐部成长为专业人才，再直接推动俱乐部发展，或通过交流输出为俱乐部赢得运转资金。每批青训球员中只有少数几人能最终走上职业道路，所以始终坚持体育训练与文化教育齐头并进。即使踢不进职业队，球员也能凭借在这里获得的能力和证书从事体育教育等相关工作。90%的青训球员都能凭自己的能力通过高中会考，申请大学。

本次赴法学习由于时间紧，任务重，因此课程安排相对比较紧凑，每天安排了两节室内理论课和两节室外实践课，还有现场观摩和分组讨论，可谓形式多样、内容丰富。室内理论课的内容精彩，授课老师讲解生动、风趣，而且紧密结合实践课内容，所以学员们都能够仔细听讲、认真记录、用心体会。学习期间，我努力认真、兢兢业业，按照老师的要求去完成课程设计、带队训练和比赛，并且每一项任务都是尽自己所能用心去完成、去体会，可谓收获颇丰。

法国足球教练员为我们讲授了内容详实的课程，包括课程设计、训练计划、训练方法、比赛的组织、活动的策划等等。让我充分了解了主动性教学法与指导性教学法如何更好的运用到训练当中。如何提高身体素质、力量控制、健康饮食和伤病防治的相关知识，以及不同年龄段的运动员的训练方法及相关注意事项，也使我更多地了解到如何教授大学生的足球教学方法。

此次培训班，对于我来说可谓是收获满满，不仅学习到了法国校园足球训练的模式、组织方法等基础知识和理论，同时也结合实践课进行了亲身体验。希望把这次为期三个月学习所收获的知识和理念带回祖国，为了中国足球梦献出自己的一份微薄之力。

马赛二班　张健鹏（云南农业大学）

2015年9月15日，在首都体育学院完成了一个星期的出国培训后，我们240名来自全国各地大、中、小学校园足球教练员作为赴法国留学的第一批学员，带着祖国的希望和单位的寄托奔赴法国，开始了我们为期三个月的学习和生活。

经过十周的学习、生活，现在将自己的学习和生活进行以下总结：

(1) 学习篇

除了在中期小结时提到的方面，在每一节课程内容的设置上也让我受益匪浅。法方对于每一节课都有相对应的主题和内容，内容主要分为四个阶段：热身，情景练习，技术练习和对抗，而每一个环节都是围绕着本节课的主题进行。而且在热身环节中就引入了一定的对抗，这和我在国内所进行的热身有很大的区别。原来在热身环节中加入对抗一般只是在赛前的热身环节才运用到，平时的训练基本不会在热身环节采用对抗的形式。一开始从思想和身体上都极为不适应这样的热身，经过学习和教练的讲解，认识到在平时的训练中将对抗放入热身的最后一个环节，采用主动性教学法，为的是让队员能更好的进入状态，调动他们训练的积极性和集中队员的注意力，让队员通过热身内容来发现本节训练课的主题。当然热身中的对抗强度和形式是有别于训练环节最后一项的对抗的。

情境练习是根据本节课的主题设计一个在比赛中可能出现的某一情况，针对这一情况进行重复练习的方式，并且都要加入射门环节。情境练习采用了主动性教学法，设计思路是人数的不均等，主题练习方人数要多，并适当降低练习的难度，从而提高主题内容的练习效果。虽然练习是设计好的，但在练习的过程中法方鼓励队员根据实际情况自行作出调整。例如：设计好的传球路线上，某一环节与设计不符，我会采取重来的方式，但法方采用的是让队员自行发挥，只要能达到最后目的就可以。并且在射门的环节，只要球没出界都要求尽全力完成射门。比赛中情况瞬息万变，就需要队员有随机应变的能力，这样的能力是在平时的训练中不断培养出来的，而我平时的训练方式局限了队员思维的自由发挥，使他们应对场上情况变化的能力不够。再优秀的教练员也无法预测到在比赛进行中可能发生怎样的情况。

技术练习采用了指导性教学法，将在情境练习中存在的不足进行完善和提高。这时教练员会将队员需要做什么，怎么做明确的告知队员，并让队员按要求重复练习。在技术练习中，根据队员人数进行分组，每组队员人数不会过多，这是为了让每一名队员能不断地多次重复进行练习，以达到巩固和提高的目的。

最后的对抗练习主要是检验本节课主题的训练效果，教练员采用的也是主动性教学法，在对抗过程中教练员减少对球员的限制，并很少打断练习，重点观察在对抗过程中出现了训练主题后队员如何去做。在对抗结束后以提问的方式让队员自己去发现一些做的好或不足的地方。

在本次培训过程中，法方教练一直贯彻的都是鼓励队员，以自己的语言和行动来激励队员，让队员建立自信的理念，很少指责队员，更不会埋怨队员。这是我们中方教练应该好好反思和学习的地方。通过在里昂足球俱乐部与中国球员张修维的交流中也验证了这一点。

(2) 考察篇

在法学习和生活的这段时间，法方为我们安排了形式多样的考察和观摩比赛的活动。组织我们观看了马赛足球俱乐部欧联杯的比赛，篮球、手球、橄榄球比赛，带领我们对三个青少年培训机构进行了考察。让我们充分了解和体会了法国的体育活动氛围，以及法国青少年足球培训的模式，这使我受益匪浅。

(3) 游览篇

法方还利用周末的时间，聘请导游带领我们深入了解学习和生活的艾克斯市，组织我们游览了法国第二大城市马赛，组织与艾克斯大学的联谊活动，并品尝美味的海鲜烩饭。最后还组织我们一同前往酒庄，品味久负盛名的法国红酒。这些活动，丰富了我们相对贫乏的周末，让我们体会到了法方的热情。

(4) 考核篇

考核是对本次培训成果的一个检验，大家非常重视。在最后的考核当中，我们马赛二班体现出了强大的凝聚力。经过两个多月的培训，大家都十分疲惫，但当我们考核需要支持时，大家都会毫无怨言，尽全力的配合好每一组学员的考核。正因如此，每个人都顺利通过了考核。这样的举动更加加深了我们之间的兄弟情义。

三个月短暂而珍贵的培训结束了，在这期间的所见所闻让我们收获颇丰。我们将把在这三个月里学到的知识和技能带回国，并结合自己的实际情况将它们融入到我们的训练当中，不断地通过学习来提高自己、完善自己，为培养中国足球人才做出贡献。

马赛三班　刘晓东（山东省临沂第二中学）

自 9 月 5 日同学们从全国各地向首都体育学院集结到现在，时间已经快三个月了，我们的学习非常紧张而充实，甚至还没来得及细细品味这里的生活，归期就已经近在眼前了。每天早上乘公交车到校，实践课和理论课交替进行。结束白天的 7 小时课程，晚上回到宿舍都还有小组讨论，并且整理学习笔记和视频；每周我们都要进行小组学习总结，把一周的课程沉淀和吸收，每两周班级进行一次全班总结会，集体讨论学习中遇到的问题和对 10 天的课程进行梳理，每月有对法方开设的各科课程进行阶段性单元化整合，……仿佛回到了高中生活，紧张、有序、压力、提升。

学习虽然很辛苦，大家却都累并快乐着。法方给了我们全新的训练理念，方法也很新颖，让我对足球训练有了更高层次的认识，就像原本只在窗户里看风景，现在他们帮我打开了门。我都有些迫不及待的想尽早带回给学生，甚至可以想象学生们从新的训练模式和理念中获得快乐的情景。

临近回国，想把自己在学习中的体会做个总结：

法国足球训练注重对抗，训练设计以实战为核心。每节训练课围绕五个方面开展即热身对抗、协调性练习、情境练习（实战）、技术技巧练习和对抗练习。一切训练注重培养队员在实战中的观察、分析、判断和决策能力。

(1) 准备活动和捕捉信息

法国在准备活动方面的训练理念完全颠覆了我的认知，第一个内容就是对抗。我们的习惯总是运球跑、行进间传球或是动态拉伸之类的热身性练习，害怕身体没热就剧烈对抗造成伤病，而他们的对抗性热身练习非常有效。方法是人数相等的对抗、人数不等的对抗、或在以上两种方法中限制全队最少或个人最多传球次数的对抗。教练员对运动员有要求，比如不能有冲刺、必须踢地滚球、区域设置不能太大、不能有太远的传球等。这种方法能够最大限度并最有效地提升学生的能力，而且能使身体迅速进入训练状态。

在信息的收集与处理的课上，15 个人分为相等人数的三组，在同一个区域内组内两脚传球。教练员刻意制造混乱的局面，让大家在比赛中观察各个不同颜色的队伍，躲避一些队伍的干扰，将球传给指定颜色的人。这种训练我们从来没有接触过，而在法国从 5 岁就开始这样的训练，到孩子 13 岁的时候，他们已经很习惯在复杂情景下进行快速的判断和决策。在实际比赛中，一直存在着时间和处理信息的博弈，信息的收集和决策需要时间，进攻方要尽可能的用更多的时间收集和决策，而防守方要尽可能的减少进攻方处理信息的时间。在这个方面，我们的训练远远不够。我们在训练中过多的注重技术、战术配合、身体素质等方面，而忽视了最重要的对球员获取信息、分析信息、判断选择能力的培养，培养出来的队员缺乏观察力和创造性。同时我们的教练员以自己的逻辑思维方式来想象队员，忽视球员的适应能力，限制球员的想象力，制约球员的创造性发展。比如我们自己的学生，不是他不愿意传而是他根本看不到，意识不到，这样的能力是需要通过不断强化不断训练得到。对观察、对临场意识的强化是需要教练员动脑筋融入到训练当中的。

(2) 主动性教学法和指导性教学法

在教学法上，分为主动性教学法和指导性教学法。主动性教学法是教练员去观察、提问、适当介入、交流、总结；指导教学法是教练员去示范、重复、纠错。在一堂训练课的五个部分中只有技术技巧练习使用指导教学法。训练中教练员在主动教学法环境中注重对学生的表扬和鼓励，善于引导学生发现问题和如何解决问题，比如在情境训练中随时暂停训练，分析存在问题或成功的配合；注重培养学生的观察、分析和判断能力，从每节训练课的热身对抗部分中不论是有球和无球练习，在训练设计上引入对抗，迫使学生不断地观察、判断，注意力高度集中；注重每节课训练目标的明确，比如这节课是控球推进，教练员从五个方面都紧密围绕目标，不断增加难度和趣味性，培养学生兴趣，使学生能不断挑战，积极训练。

不断地培养学生对足球的兴趣是教练员的首要任务。我最喜欢上弗海德老师的课，并且非常期待他的课。他对足球是真正的热爱，也真正热爱他的工作，喜欢踢球的孩子，而且他把这种正能量带给了学生们。我们在课上没有任何压力，技能水平低和不断地失误根本不算什么，他引导我们“大家做的真好，我们还可以怎么做”，他永远都是答复你“很好”“真棒”“没问题”，并且感谢大家对他的积极配合。他用实际行动感染着大家，这些细节使他总是那么有亲切感。他夸我们开心得像 10 岁的孩子，让我们享受足球的快乐。这真是一种师生共鸣的境界，让我想起了“教学相长”。我们大多数人在实际教学中因为长久以来受到的教育和习惯，往往忽视了学生的感受和需要，弗海德老师把我们引导到了学生是主体的正道上，以学生为本开展针对性教学，效率和效果自然会飞速提升，而我们作为老师，当然能够接受到学生反馈回来的快乐。从米卢的快乐足球理念，再到主动性教学法和兴趣足球，我们的习惯要改变。

(3) 训练的理念

对训练的设计首先要有明确的目标，一堂课的所有内容都必须紧紧围绕这个目标。这个目标必须细化，比如地滚球的传接，不同区域要有不同的设计，发展区中路、发展区边路、进攻区中路等等都是不一样的。一个好的传球是要在正确的时间，用正确的方式传给正确的人，并且教练员要根据队员的实际情况来设计短传和长传。在对抗赛中，改变传球攻防优势的方法可以是减少双方对抗的人数，或是限制触球的次数，一定要在移动中完成传接球。教练员还得有变量的设计，比如改变传球次数的限制、限制条件的射门、限制传球的人或方向等等，我们还是不能只学讲师带来的方法，需要将理念深入心中。方法总会用尽，在理念引导下的同种方法会有太多不同的变化，那就是消化吸收带来的益处。

法方训练特别重视学生自身的感受，学生在训练后要进行自我评价并真实反馈给教练员，教练员也要能及时发现问题并对学生进行针对性提问和引导，鼓励学生在此情形下自己解决问题。我们实际的训练中启发式教育用的很少，多数是指令教学，这会限制学生思考和想象的空间，不利于发展创造力，而足球恰恰是需要丰富创造力和想象力的项目。教练员应该在平时的训练中练习比赛中可能发生的情景，要坚决避免在比赛现场给学生讲授。

法方还特别重视学生自信心的培养，从周训练计划中可以看出，比赛前的训练内容都是在发掘学生的长处，比赛后才结合比赛中的问题给学生进行弱点练习。

（4）关于阵型、整体移动和快速进攻

比赛时好的阵型会帮球队获得胜利，当然要结合队员的特点，每个角色都很重要，要考虑整个队伍的运作。选择任何阵型都要使全体队员发挥最大的作用，每个队员的活动都牵动着队友，不是独立的存在，并且要考虑到队员的体能消耗。

阵型课程中，法国教练员非常重视区域概念，并将其反复灌输给球员。它将区域划分为：防守区、发展区、进攻区；将两侧称为通道，中间称为中轴线。每个区域的运用和球员位置有明确的定义和运用原则。在训练中只要有对抗练习基本上都有区域要求。这对我印象深刻，对培养球员的位置要求及团队的整体意识有很好的指导作用。

在整体移动防守学习中，训练中经常要求限制触球次数。其目的是可以达到以下效果：限制带球过人；快速推进；无球人的跑动；摆脱防守；信息捕捉；强化弱势脚技术；控球运球技术的提高。同时限制触球次数不仅是练习战术上的要求，也是练习球员个人素质的要求。如 1/2 场地对抗练习，限制触球次数，会增加球员的跑动速度；1/4 场地对抗练习限制触球次数为 1 次，则更增加球员的跑动速度和观察判断能力。

在 4–2–3–1 阵型和 4–3–3 阵型的讨论中，我们把场地分成横向和纵向的六个区域，无论什么战术我们都要有横向三区和纵向三区的概念，球员的位置和打法不是固定的，阵型随时会改变，比如进攻时 4–2–3–1 阵型经常会变成 4–3–3 阵型。还有在防守时球与球门之间轴的概念，在对抗或比赛中时刻要注意保护球、防守人和守门员之间的轴。

快速进攻的核心是快，那么打向边路的球和回传球应尽量避免，当然也不排除利用回做球重新找到向前传球方向的情况。快速进攻并不意味着所有队员都直接向前，而是需要通过不同位置球员的无球跑动创造出空当，需要球员相互策应和支持，队伍要整体推进并充分利用对方身后的空间，在球门前的接应和射门要简单高效。

（5）教练员的任务

教练员在训练中是个指导者，在比赛中是个观察者。

在训练中教练员应有不同的态度和不同的指示动作，要做到组织、示范、观察、激励和纠正，并且组织放松和小结。教练员要善于发现问题，及时叫停，引导队员主动思考对错，特别要培养队员自己发现和思考问题。法方教练总是先给予肯定后再帮你去解决问题的做事方式不禁让人深思：当我们的队员里出现了问题时，不要急于否定，如果能让他自己意识到有更好的解决方式的话，岂不更好？另外，我们在日常训练中往往把失误归因于持球者，其实很多失误是从上一个持球者就埋下种子了。我们还要把关注的目光重点放在无球队员身上，而不是只看持球者。

教练员如何看比赛？这看似简单的问题，但我从来没有系统地总结过，法国教练给了我系统科学的答案，值得我们学习借鉴。要从 12 个方面记录一场比赛：①队员名称、场上位置；②阵型及阵型变化，阵型变化是球员的具体位置变化；③防守打法：谁盯谁？防守区域？丢球后的应对措施？④进攻打法：核心队员的位置？前锋的跑动路线？打法风格？主要进攻路线？控球后如何进攻？⑤我方陷入（失衡）被动时的应对措施：对方怎么使我方失衡的？面对困境如何反击？如何破坏对方的打法？⑥定位球进攻：定位球位置记录？如何跑位？谁射门？球落地反弹后怎么办？外围区域谁控制？⑦定位球防守；⑧我方队员的个人特点；⑨困难队员的情况；⑩各层面的总结：防守进攻的优缺点、技术能力、心理、战略、体能、教练行为；⑪整体评价；⑫重点球记录。作为合格的教练员，不能只了解自己的队伍，必须学会分析对手并找到正确的应对方案。

（6）球队的管理

讲师以新组建队伍或新招募队员的素质测试和性格测试为例，讲解了如何进行团队的管理。按照以前的传统思路，我们在纳新的时候都对队员的性格有比较严格的要求，不太守纪律的、个性有些张扬的、管理难度大的都不愿意接收，而老师的建议是聪明型、外向型、易怒型和野心家型的队员都要选择，他们各自不同的特点拧和在一起恰恰是一个优秀的团队的组成。教练员在管理中承担起责任，多多鼓励，制定规则，及时诊断队员及沟通好外部环境，教练和队员和谐进取是球队成功的必要因素。

一定要选好队长，选择的方法有很多种，但球队的队长必须是球场上的典范，有威信、善倾听、会沟通、能聚力是基本的素质，严于律己、宽以待人，能保证教练的意图在队内执行。当然，教练也要给队长足够的信任。

（7）法国训练课流程改变的意义

在法国足球训练有固定的教学模式和教学方法，2000 年之前其教学模式是热身活动（传统的准备活动）、技术技巧练习、情境练习、对抗实战。2000 年后发生了变化：热身对抗、情景练习、技术技巧练习、对抗实战。这种改变带来的效果是热身增加对抗性，从实战出发，并且围绕本节课的目标主题，使各环节练习更有衔接性。情境练习和技术技巧练习顺序的改变使球员在情境练习中通过教练的提问，发现问题，思考如何解决问题。带着问题学习，学习目标更明确，从而使技术技巧练习目标明确，针对性更强。

（8）法国“15 周训练法”和数据分析

法国足球将比赛分为有球状态、无球状态和攻防转换三种状态，所以在训练中根据三种状态，将训练分为：防守区的控球推进和反推进；发展区的调动防守和回抢；进攻区的射门和防守球门。每个区域的技术训练采用 5 周训练周期，比例为 4：1，比如控球推进训练 4 周，反推进训练 1 周。15 周完成一个完整的训练周期，循环进行（前提是固定一个阵型进行 15 周训练法）。

法国足球注重对各种信息的收集和科学分析，为教练员的选材、训练和比赛等工作提供决策依据。比如统计场上不同位置的跑动距离、冲刺距离、次数等指标，为教练员选派适合特点的队员上场提供帮助。还比如统计一场比赛的传球次数、传球线路等情况，使教练员能掌握球队的薄弱环节，加强有针对性的训练，提高球队水平。或者统计一定周期每个队员累计的上场时间和上场次数，能使教练员及时掌握每个队员的体能消耗情况和出场次数，合理安排队员参加比赛。

（9）校园足球和俱乐部的有效衔接

法国对足球运动员的培养有完整的制度保障。学生从小学、初中、高中到大学阶段在学校都能学习足球，更重要的是学生在课余时间（法国学生下午 4:30 下课）可以到业余足球俱乐部（俱乐部经费由当地政府、赞助商提供，但准入制度严格）学习足球。在法国有固定的比赛机制，周三为校园足球比赛日，周六、日为俱乐部比赛日，由法国大（中）学生体协和足协组织，学生可以双重身份参赛。同时职业足球俱乐部在 U15 阶段可以和学生签约，为俱乐部梯队建设储备、选拔和培养队员。同时法国教育部认可学校体育教师到业余足球俱乐部兼职任教，使教练员资源使用最大化，也使体育教师指教水平快速提高和更加专业化。

（10）直面差距，期待未来

我们了解了法国和西班牙俱乐部 U11 梯队的技战术水平，真是感慨，相较国内，天壤之别。我们的孩子在智力上跟他们没有什么区别，但在技术和比赛经验上与他们差的太远。究其原因，就是缺少系统的训练和教练员对足球思想的灌输。

足球是一项非常棒的运动，对培养人的身体素质、团队协作、意志品质方面有显著的作用，但他的本质还是一种游戏，这些先进国家通过足球让孩子获得快乐。在一次实践课结束后，讲师卡米耶问我们，今天的课给我们带来快乐了吗，大家都同意。他解释，在 U9~U13 年龄段，如果有孩子课后没有感觉到快乐，这整堂课就是失败的。他们在课上利用非常多有趣的方法，5~10 分钟就增加一种变量或者变更一种练习方式，持续不断地延长孩子的注意力和提升他们练习的兴趣，寓教于乐，孩子自然喜欢。他们的主动性教学法非常有效，讲师也跟孩子们不断互动，在欢笑声中就完成了教学任务。而国内的训练中，指导性教学法占了绝大多数，孩子多数跟着教练一遍一遍枯燥地重复，就是成人也很难接受这样的教育，何谈快乐！结果就是足球人口越来越少，没有金字塔的底座，何来高耸的尖顶！

我们还观摩了 U11~U13 段的比赛，虽然踢 8 人制，但从 3–3–1 阵型的三条线中各加一人就变成 4–4–2 阵型，这为 U15 后的 11 人制足球打下了坚实的基础。仅从这里，我们就感叹他们梯队建设的延续性。

中国的教练员与法国教练员相比，智力虽不差，但欠缺的很多。比如训练方法和梯队建设缺少结构性、不善于提出问题、指导性教学法占大多数、潜力开发不够等，但是我们看到了差距，虚心接受并积极改进，我相信在可预见的将来，通过我们的努力，中国足球的青少年培训会系统化，并且大量优秀的球员会成长起来！

马赛四班　曹阳（淮南第二中学）

时光荏苒，白驹过隙，仿佛九月初在首都体育学院进行行前培训的一幕幕，领导老师们的一句句悉心嘱咐还在昨天，转眼我们赴法留学已经进入到了最后的考核阶段。对于出发前，全体学员在大礼堂集体对中国足球，对校园足球的宣誓，我个人认为，这三个月我们的努力与坚持，对得起每个人肩膀上的那份责任，虽然留学时光过得飞快，行将结束，但是我觉得这不是一个终点，相反这是我们每名校园足球教练员的一个新的起点。从法国启航，我们 240 名教练员将会掀开我们执教生涯的一个新的篇章。当然我们也许会有辉煌，也许会有低谷，但是不管怎样我坚信只要我们始终坚守着心中的这份执念，扛起肩上对校园足球、对孩子们的那份责任，经过我们一代代、一批批中国足球人的努力，校园足球、中国足球终究会有成功的那一天。在此，我愿对自己的过往与未来做下保证，不管前路多么曲折坎坷、荆棘丛生，我始终愿意！我愿意成为中国足球振兴道路上的一颗小小的铺路石，我愿意为了中国足球崛起而奋斗终身！

9 月 6 日，我带着领导的嘱咐，带着球队百余名队员的祝福，带着心中的那份憧憬与期盼，告别父母亲朋与怀孕数月的妻子，来到了首都体育学院报道，开始参加留学前的行前培训。培训的第一天教育部、大体协及留学基金委的各位领导对我们提出期望，我们作为建国以来最大规模的留学团队肩负着国家、领导及校园足球未来的重托，感觉到了肩上的那份重重的责任感与使命感。将近十天的行前培训，各位指导教师从团队生活、学习、与法国文化交融等很多方面给我们进行了详细而又发自肺腑的指导。首都体育学院的钟校长在培训期间的一言一行，举手投足都给我们每一位教练员留下了深刻的印象，他的语重心长，他的人格魅力都是我们每个人所努力奋斗的榜样。就像他说的：“既然我们去法国学习生活就要适应当地的生活，融入当地的文化，如果连饮食与生活习惯等微不足道的困难都克服不了，还怎么学习法国先进的足球理念?”很简单的几句话却激起了大家心里的涟漪。临走之前每个人都把准备带去国外的方便面、老干妈那些国内食品都扔掉了。道理的确是这样，如果连这点困难都无法克服，我们怎么能更快更好地融入法国人文，如何才能融会贯通的理解法国的先进足球理念。9 月 13 日，培训的最后一天，首体钟校长与谢校长为大家送行，简简单单的数句话都说到了大伙的心里，全体教练员群情激昂，餐厅里的掌声络绎不绝。没错，我们是最棒的团队，我们带着梦想与责任准备扬帆起航了。

9 月 16 日，我们马赛团组三班、四班首先到达目的地，马赛普罗旺斯地区艾克斯。虽然航班延误，旅途二十多个小时很辛苦，但是每个人都感觉不到一丝疲惫。稍事休息，法方便安排我们参观校园，为我们未来的三个月生活、学习等各个方面的问题做出了详细的解答。第一顿早餐，面对着冰冷的牛奶，似乎有些坚硬的法棍面包，很多人感觉到了不适。但是我觉得这根本没有什么，虽然第一周经常因为冷食等原因造成肠胃不适，我也努力地适应，就像我行前自己做的计划那样，不管出现多大的困难，尽快在一周最多两周时间内全部适应这里的生活方式、文化习惯及各方面问题。因为我们只有十周的学习时间，留给我们去适应的时间不多，我们要将自己的时间与精力用于学习。

经过了法方安排的几天的休整，我们正式迎来了赴法留学的第一周学习。第一节课就给我留下了深刻的印象，教练员曾是法国国家队德尚的助手，目前马赛足球队的科研、体能教练，专职负责球队的赛前准备活动。虽然指导老师不苟言笑，但是我们从他的身上还是感受到了一份很强的亲和力，他在第一节课就从不同的视角带我们分析一场足球比赛。是的，作为教练员训练队员大家都会，但是我们要学的不就是如何科学高效地进行训练吗？这么多年我们国家的足球之所以总是停滞不前甚至倒退，不就是因为我们以前总是故步自封、闭门造车从未有真正虚心地学习过一些先进的足球理念等原因造成的吗?！简简单单的一节技术分析课，我们从一些比赛中记录总结的冲刺跑动、跑动距离等简单的几个数据就可以发现我们的差距。就像导师说一名职业运动员一场比赛中最多只能做 14 次左右的最大冲刺，而且冲刺距离不超过 20 米。就以这个简单的数据为例，我们在训练中该怎么办？尤其在日常训练中，大家肯定都会练习队员的冲刺跑，但是以前我们总是将所有队员在一起跑，一练就是多少多少组，一跑就是多大多大强度。这一个简单的问题，就足以让我们深思。导师说到可以以冲刺能力、跑动能力作为场上位置选择的参考条件之一。这些很多都是我们以前忽视或者是不屑一顾的东西。第一周的训练与学习，让我找到了很久没有的那种感觉，虽然我们也保持每天训练，但是自己已经很久没有这么样静下心来进行训练与学习了。这种一天两练的感觉，让我深刻体会到训练队员和自己训练是完全不一样的。第一周有些疲劳，但是心里感觉真得棒棒的，我出来学习就是希望得到这种历练。这种感觉大学期间都没有体会得如此真切过。

从第一周开始，我们从不同角度、不同层次设置等方面入手，从基本技术、法国体育人文、科研分析、准备活动、技战术结合使用、球队管理、俱乐部运作和球员分析等不同方面进行了学习与总结。

法方对于此次培训也是相当用心，由法国大体联负责人与法国足协共同组织设计，先后有十余名教练员导师参与，与中方进行多次协商最终设计出一套比较完整，符合我国校园足球发展实际的课程设计。不管从技术方面，从基础的运球、控球、过人、长短传、跑动、射门等各个方面全面系统的从基础着手逐步提高；从战术阵型方面，3–5–2、4–4–2、4–2–3–1、4–1–4–1、4–3–3、3–4–3 等各个阵型逐一进行理论与实践的结合进行入手，过渡到阵型间的转换，训练中的重点、难点及创新点等方面。俱乐部及校园足球的结合发展方面，如何将足球融入校园，校园足球与俱乐部足球如何进行双管齐下的模式；在足球人文方面，详细地介绍了法国的体育史及足球史，真正的做到以史为镜，法国足协组织也对我们进行了法国足球发展、管理模式的传授等等。从不同的视角，不同的切入点，不同的文化背景等方面，细致入微地对我们进行教学，这些不仅仅是传统意义下的教与学，而是在开阔我们每位教练员的视野，发散思维，让我们从不同的细节处入手，针对每个人的不同情况进行思考。

在这三个月的留学生活中，大家都从一开始的兴奋憧憬，到中期有些步入疲劳期，再到所有人都克服困难坚持。尤记得初来法国，我们都对法国的各个方面充满了新鲜感，不管多辛苦，都感觉不到疲惫。还记得有同学的运动手环记录下来我们一周的运动步数，真的在国内是难以想象的。一周时间内除去训练时不计入，我们每天往返学校与酒店，及中午到山顶就餐，一周内可以走上百公里的路还不算我们在运动场的训练。当然这根本在我们的眼里不算什么，有些年纪略大的同学有时会感觉很累，但是大家都很开心，心中的那份充实与老学员及班主任的鼓励让我们这些年龄小的学员觉得每天都干劲十足。即使我们有些吃不惯这里的饮食，但是周末的时候年纪大的学员总是会特别关照我们几个年轻人，做些美食给我们年轻能吃的学员补充营养。这样也可以让我们以更充沛的精力迎接新的一周的学习与训练。艾克斯与北京的时差有六个小时，到了万圣节后时差调整为七个小时，往往就是我们这里睡觉而家里已经准备起床了，每天只能利用中午休息的一个多小时，与家人联系。就我自己而言，在十一月初的一段时间，真得有些想家了。每次想到年迈的父母，想想即将临产的妻子，心中不免有很多愧疚，而班里也有其他学员有这种想法。每每我们在结束一天的学习与总结后，几个人一起坐下来，泡杯茶互相述说家乡的趣事，真得是这样。在班主任和几位老大哥的有意无意的“互相安慰”中，父母的关心，妻子的理解都让我特别欣慰。我也逐渐从想家的低潮期中快速走了出来，全身心地投入到紧张、充实的学习中。十分感谢我们的这个团队，互相依偎、互相鼓励，就像临行前的那句话，“我们是最棒的团队”，没有困难可以打倒我们，没有什么是我们无法克服的。这三个月里很多感人的一幕幕，融化了我这个有些内敛的心。生病时，霍老师给我送药，同学给我刮痧。受伤时，马老师给我清洗包扎伤口，心理低潮时，老大哥们给我很多安慰，感谢我们团队的所有人。谢谢你们给我的帮助。

在学习方面，霍老师作为班主任以身作则，每堂训练课都亲力亲为，甚至在自己高烧重感冒的时候，都穿着棉袄参加比赛。我们所有学员都很受鼓舞。随着课程的深入，实践中不免会出现或大或小的伤病，但是所有人都本着轻伤不下火线的原则，积极参与训练。理论课的学习中，大家互相帮助，有很多执教经历丰富的学员会给我们答疑解惑。在守门员课程中，有过守门员专业经历的袁晶和王家兴都会给其他学员一些通俗的解释和示范。在球员分析与管理课中，团队中的窦伟和马辉作为老大哥总会给予我们年轻人一些他们执教中的好的经验分享。每晚学习回来，许晟、刘宝石、窦伟三个组长都会组织大家对一天的课程进行回顾与总结，这些总结出来的东西都是我们一生执教经历的宝贵财富，是值得我们一生中不断拿出来回顾、思考、创新的东西。这些都是我们三个月学习中的冰山一角，还有很多很多值得我们回忆的东西。

这些都是我值得珍藏一生的财富。

目前，距离培训结束还有两周时间，我们仍处在考核月，我抽到的八号签，考核课题是 U11~U13 防守区控球推进，运球发展。我们所有人都想把握好最后的学习时间，将自己的课题做得尽善尽美，为我们的留学生涯划上一个完美的句号。未来的两周我们不仅要将自己的考核做好，更要配合好每一位考核学员充当受训队员，让我们的团队成为真正最棒的团队。

相聚时难别亦难，我会珍惜团队里的每分每秒，全力以赴学习训练，回国后我将自己这三个月所学的东西倾尽所有用于培养孩子们。他们才是校园足球的未来，中国足球的未来。我觉得只要我们每一位校园足球教练员全身心的努力，对孩子们倾尽所能，在未来的足球大环境下，我们中国足球总有腾飞的那一天。对于这次赴法留学，我的全力以赴只为了肩膀上的那份重重的责任，不辜负祖国，不辜负校园足球，不辜负领导亲朋对我的期望。更重要的是不辜负孩子们对我的那一份份信任与期待。就像之前所说的，我愿意！我愿意成为中国足球校园足球振兴路上的那一颗小小的铺路石，我愿意为了中国足球未来的腾飞而奋斗终身！

（二）图卢兹学区

图卢兹一班　李强（天津体育学院）

(1) 项目基本情况

为促进我国学校足球教练员队伍建设，提高教练员（体育教师）足球教学训练水平，落实2014年9月《中法校园足球合作谅解备忘录》要求，教育部体育卫生与艺术教育司、国际合作与交流司、国家留学基金管理委员会秘书处、中国大学生体育协会等部门（单位）共同协商同意，决定启动实施校园足球教练员赴法国留学项目，自2015年起选派校园足球教练员赴法国留学。来自全国各地的240名校园足球教练员于9月15日—12月10日赴法国进行足球培训学习。从9月7日开始，这240名校园足球教练员在首都体育学院接受为期一周的行前培训。

(2) 运动技能习得理论

心理学家SCHMIT指出运动训练是一个长期的过程。当你做出一个动作的时候，你的身体就会有一个记忆，记忆有短时记忆和长时记忆。训练过程就是一个形成长期记忆的过程。

运动技能分为：封闭式运动技能和开放式运动技能。

在基础训练阶段，封闭式的训练内容要多一些。随着竞技水平的提高，开放式训练的比例要逐步增加。儿童在初学阶段如果封闭式训练过多，儿童的注意力难以长时间的集中。

对于儿童和成年新手来说，主要是学习基本动作，开始学习几分钟的封闭式，然后转为开放式，两者要结合起来。在青少年儿童的足球训练中，要注重培养他们通过思考找出变化情境中的解决办法的能力。在不同情况下，设置不同情景，通过循环往复的强化训练，找出在不同情境中解决问题（处理球）的办法。在完全相同条件下训练，只能形成基本技术。而在开放式条件下训练，则可以培养运动员的随机应变能力，可以在不同条件下通过自己的思考做出最恰当的技战术决策。不断的封闭式训练可以强化技术。

运动技能形成过程中，要注意反馈的应用。

在教学训练时，学生出了问题，既要指出他的问题所在，又要给他提供相应的解决办法。反馈一定要立即进行。为什么要马上告诉他呢？如果不告诉他，他可能会重复同样的错误。训练初期反馈量可能较大，接下来反馈的数量要逐渐减少，让他们自己思考并反馈。

在执教过程中，是立刻要反馈，还是让他们自己去反馈。是直接指出，还是让他们先自己思考，然后再给他们反馈。第二种是更合适的方法，让孩子们学会自己思考并反馈。第一种更适合封闭式技能训练的反馈。

(3) 法国足球教学法

1）指导性教学法

球员的自由度较少，教练的指导作用非常的大，每一部分教练员都会告诉球员应该做什么。教练下达指令。运动员的自由度受到较大的限制。优点：技术动作训练重复数量较多，这对运动员掌握技术较为有利。不足是运动员按照教练的指令做动作，趣味性较低，只是机械的执行教练员的指令，知其然不知其所以然。并没有深入领会教练员的训练意图，与比赛的真实性相去甚远。运动员不知道训练的目的和意义是什么。

2）引导式教学方法

一般是要设置一个目标，并要达到这一目标，对运动员提出一些问题，教练引导运动员解决这些问题，教练员不要直接干涉，要给运动员留一些时间让他们自己找到解决问题的方法。运动员在尝试的过程中可能会犯一些错误。但是这是学习中不可避免的事情，运动员在一定时间解决问题后，教练员要进行小结和引导。在规定时间内运动员没有找到答案时，教练员要介入并引导。期间可能还会遇到一些其他的问题。接下来运动员可能会进行一些反思，并想出一些解决问题的办法，并尝试解决问题。经过队员的思考，队员可能会想出很多解决方法。在法国通常先提出一个问题，解决了之后，然后再增加难度，提出更难的问题。与指导性教学法相比，运动员通过自己不断的反思和探究，来了解练习的目的和意义，培养了球员的责任意识。这种方法通常是在实战状态下进行，更容易培养大家的比赛实践能力。不足：虽然给了运动员自由，但是到最后也可能找不到解决问题的方法，教练员要观察运动员在解决问题过程中遇到的困难，不要让这些困难影响到运动员的积极性和解决问题的动力。教练员要注意自己队员的真实水平，不要设置难度过大的练习，影响运动员积极性。

3）适应性教学法

在法国越来越的被使用，涉及的比赛游戏形式较为普遍，这种教学法也比较接近比赛现实。队友，对手，球门，模拟比赛，接近真实情况。也要给与队员自由度，最大限度让队员自己选择该做什么，这种教学方法会设置很多带有一些训练主题的对抗情景，加一些约束性的要求，例如，触球次数、球门和场地的限制。教练员以观察为主，同时也会点评运动员的表现，训练结束后也要做出小结。有利于运动员充分认识自己取得的进步和存在的不足。这种教学方法通过具体的问题分析，引申到某一个宏观问题的解决方案。

优点：更接近比赛现实，要求所有队员都要积极的参与到其中。能让运动员更快的适应这些变化，有利于培养运动员的创造性，接受信息和处理信息的能力，培养团队处理问题的能力。例如，比赛中防守做的不好，大家都清楚要加强防守训练。

不足：过多应用这种方法队员会觉得无聊，趣味性低，要求队员全身心投入，运动员通常会感到疲劳。训练中肢体接触较多，容易受伤。俱乐部和学校的训练有所不同，会出现不同的情况。俱乐部都是职业球员，学校学生是为了让他们参与实践教学，而不是为了他们参加比赛的意识，在学校不会让他们完全接受这种挑战，不要过于苛求，以免让他们失去上课的积极性，但是也要注意懂得“度”的控制，学员可能会产生较强的自我性，因此要注意不要让训练偏离目标。而俱乐部则完全不同。

（4）培训收获

我深切地感受到法方教学分工明确，既有所侧重，又统筹协调，所有课程内容环环相扣。作为世界一流的足球强国，法方此次安排的讲师水平非常高，而且十分敬业。每个学区都有由大学教师、俱乐部教练员、训练师、体能专家、青少年训练专家等人员组成的教学团队高效有序地完成教学任务。通过此次学习学到国际最先进的足球教学训练理念和组织实施方法，回国后把所学到的知识应用到本校的足球教学和训练的同时，也会积极地把这种先进的足球教学和训练理念进行广泛地传播，让更多的人了解它学习它，以此作为中国足球发展的源动力。

图卢兹二班　李强（东北师范大学体育学院）

由全国青少年校园足球工作领导小组办公室、国家留学基金委、中国大学生体育协会、中国中学生体育协会联合选派的第一批校园足球教练员赴法留学三个月的学习生活已经接近尾声，在即将回国的时候将个人学习情况总结如下。

思想政治和纪律方面：在法留学期间，我时刻牢记我的国籍和中共党员身份，热爱党、热爱祖国，在法国严格遵守该国的法律法规，没有参与任何违法活动，自觉维护国家和党的荣誉与尊严，严守国家机密，没有做任何有损国格和人格的事情；严防警惕各种邪教组织和各种敌对势力的拉拢、渗透和阴谋破坏；没有参与任何不法组织的活动，不围观、不收受其宣传品；没有在公共场合及互联网上发表过任何对党和国家的言论以及对访学任务的任何评价性言论。

学习方面：法方将三个月的课程整体设计为300个小时，其中包含172小时的理论课（CT），108小时的实践课（P）及20小时的考察。具体教学内容如下：足球项目留学过程的理论基础（30小时）、足球训练的基本知识（50小时）、足球运动心理学（20小时）、体能训练（20小时）、训练项目（50小时）、足球教练员的角色（20小时）、足球系统的管理构架、参观（10小时）、训练计划（40小时）、法国体育活动的社会性（40小时）及法国文化、传统、地方特色等（20小时）。

在实践课上，法国一堂训练课分为四个步骤：①热身活动；②技术练习（没有对手、不断重复）；③情境练习（有对手、接近比赛）；④对抗练习。着重强调每一堂课都要有一个主题，围绕主题去设计练习内容，练习内容要有递进，难度加大，符合实战，并且通过每堂课最后的对抗比赛进行检验。

法方讲师的实践课有以下几个特点：

①充分利用器材，场地布置清楚，区域划分明确；

②能示范讲解相结合，语言不通但是很有耐心；

③练习方法能从实战出发，方法多样，趣味性强能调动学员积极性；

④练习中发现问题能及时叫停进行正确的指导；

⑤每项训练后都会有小竞赛，调动学生练习的积极性，在比赛中让学生发现存在的问题，并且解决问题。

参观学习方面：三个月留学期间，每周法方都会带领我们进行观摩学习活动，内容多样。一是观看比赛和训练。先后观看了法国甲级足球比赛、法国第七级别足球比赛、法国女子乙级足球比赛及图卢兹业余足球俱乐部、法国比利牛斯大区女子足球队训练课等。通过现场观看比赛和训练，近距离感受当地的足球文化和学习先进的足球训练手段。法国青训体系完善，足球硬件设施一流。通过课堂中与法方教练进行了解，以及从观摩学习和考察中发现，法国除了足球人口多之外，就是他们完善的青少年足球训练体系。以法国第七级别业余足球俱乐部为例，从U6~U17各个年龄段都会有2支青少年队伍，每个级别大概有15支业余俱乐部，依此类推，全国这个级别将有400多支青少年队伍，说明参与足球运动的人口非常多。另外体会比较深的就是法国的足球设施非常完善，人工和天然草坪的足球场比比皆是，相应的配套设施十分齐全，很多足球场还是免费对公众开放，令人艳羡。二是参观著名历史古迹。法方带领我们参观图卢兹市政大厅、教堂、加隆河和卡尔卡松城堡等，让我们对当地的历史、文化和建筑风格有了深入的了解。三是参观波尔多和图卢兹红酒生产基地，法国红酒在世界上久负盛名。通过参观，使我们直观的了解了红酒的生产过程。此外，法方还组织我们参观了空客A380组装基地、图卢兹橄榄球俱乐部和图卢兹足球训练中心。

学习收获与建议：①先进的足球训练理念，尤其是青训方面更是值得我们深入的学习；②投入的精神值得学习，不管是教练还是队员在训练中都能百分之百的投入，把每一次练习都当成实战来进行；③场地设施完善，管理维护科学系统；④社会各界重视，民间足球活动和业余比赛很多，而且很正规，大家积极参与，级别分明；⑤足球活动志愿者很多，家长积极参与；⑥小孩子参与足球活动很正规，装备等；⑦足球文化浓厚，辐射面广；⑧足球带动的相关产业异常红火；⑨学校足球活动和俱乐部相结合。

建议：①加大足球宣传力度，扩大普及面，吸引更多孩子参与；②政府重视加大资金投入；③完善场地设施和系统的管理维护；④足球文化的形成和发扬；⑤提高家长的认识，鼓励家长和孩子一起参与足球活动；⑥学校足球活动和业余青训以及精英培训相结合。

三个月的学习使我学习到了很多新知识和教育理念，感悟很深。最后，感谢全国青少年校园足球工作领导小组办公室、教育部学生体育协会联合秘书处、国家留学基金管理委员会和教育部留学服务中心给我们提供了一次学习的机会，回国后一定从自身做起并能带动更多的同仁一起为中国足球的崛起贡献自己的力量。

图卢兹三班　杨国顺（玉溪市红塔区研和中心小学）

转眼三个月实施校园足球教练员赴法国留学项目已经结束，也到了对自己过去三个月有所总结的时候。这段时间，感谢教育部体育卫生与艺术教育司、国际合作与交流司、国家留学基金管理委员会秘书处、中国大学生体育协会等部门（单位）对我们校园足球教练员赴法国留学项目的支持，同时感谢班主任及同学们对我的帮助。

我荣幸的于2015年9月15日作为“校园足球教练员赴法留学”的一名学员到法国图卢兹第三大学完成为期三个月的校园足球培训。30年的成长岁月里，这是我第一次踏入国外的土地。16日，我们来到了美丽的图卢兹，在这里我们受到了友好的接待，同时也让我对本次培训充满期待。

到达图卢兹后我们也遇到了一些困难，在文化风俗习惯与中国大相径庭的法国，我们饱受挫折与成功，比如：在语言、生活等方面我们遇到了难题，语言的不通让我们在沟通方面遇到了很大的阻碍，生活上我们也遇到了问题，在饮食方面由于地方差异我们还产生了一定的抵触心理，随着时间的推移我们慢慢的适应了一些饮食习惯，也调整好了时差。在这几天的调整中我也看到了一些法国非常值得我们学习的地方，比如：在过马路的时候，只要有行人好像所有的车都会主动停下并用手势给行人让行。我不仅产生了疑问：这难道是约好的？后来的事实证明了并非如此，这只是他们的一种礼让行为，也是体现他们国民素质的一种表现。当然在这里也发现了自身一些不足的方面，如吃饭有浪费的行为，在公共场所随意抽烟等。经过法方和班主任的提醒大家也注意到了一些本身的问题，也在慢慢的改变着自身的不足。

经过几天的调整，我们开始了最主要的课程学习任务，在教练与学员的相互了解过程中，我们对法国的足球文化有了一定的认识，比如：在法国有几千个足球俱乐部，其中只有 40 个是职业足球俱乐部。教练也了解到我们的足球水平参差不齐，所以在教学过程中也就有了一定的困难。法方还组织我们参观了图卢兹市政府、卡尔卡松城堡、图卢兹橄榄球训练，以及观看了图卢兹对尼斯的比赛等，在参观过程中我们对图卢兹的人文和地理有了更进一步了解。

在本次留学过程中，主讲的老师采用分模块教学。老师的语言幽默、含蓄、大方，表情丰富，非常富有感染力。理论实践学时相当，实践课重点学习了运球、突破、传球、接应、控球及比赛指导，非常实用。法国讲师发现学员中运球动作不规范，亲自示范运球动作，特别讲解脚部动作变化，强调用脚推球，而不是敲球。突破及传球重点强调各自的时机、力度，讲师讲解的清楚、简练、实用，本次留学在突破方面学习到很多知识。

虽然才两个多月，感觉本次留学在实战的局部配合及突破方面收获较大，大多学员也对指挥比赛比较感兴趣。本次培训中，讲师还通过观看比赛录像片段，为我们讲述防守转换的战略战术，提高学员的指挥比赛能力。

理论课上学到了速度力量训练、耐力训练，技术训练的方法、体能训练和时间安排，以及各种比赛阵型的学习，学会根据球员的特点安排训练计划。突出了法国足球特色的特点，尤其是系统性严谨性，训练的科学性，找到训练进一步提高的突破口。

实践课，虽然训练量较大但是我们逐步适应了准备活动的合理性，动态拉伸和静态拉伸结合，有球、无球的结合等方面。基本部分找到了训练情境的合理性，在一对一突破，防守，传接球的练习当中，采用许多合理的方法使我受益颇多。另外了解了俱乐部的运营和法国先进足球的开展情况。总的来说每节课都充满特色，感谢国家给了我一次这么好的机会了解先进足球训练的机会。

在本次留学中我全身心地投入到了学习中。勤奋好学，认真完成学习任务，并认真思考法方提出的训练主题。由于不同的文化、不同的生活模式，让我在学习中遇到了一些困难。但我在求知路上积极努力，迎难而上，克服了重重困难，尽最大能力完成了这次留学的任务。

本次留学也为我们提供了一个全新模式的平台，有法方小学、中学、大学以及俱乐部的教练为我们讲解、示范全新的教育理念和教育模式，还有全国各地大学、中学、小学教师之间的热烈讨论与真诚交流，让我大开眼界、受益匪浅。非常感谢中方和法方给大家的这个机会，它对我们的意义是非凡的。语言障碍让我在学习上也面临着很大的困难，但是为了中国校园足球发展的信念一直支持着我完成了学习任务，总结我的学习过程，我觉得以下几个方面做的比较好。

(1) 认真学习

虽然上理论课和实践课的地方不集中，但我还是坚持做到每天上课不迟到、不早退。理论课做到认真听讲，并做好记录，实践课做到积极参与，配合教练完成训练。上课期间积极回答教练提出的问题，对有疑问的地方及时提出询问。下课后认真做好实践课的训练内容和训练方法的记录。在这里我还学习到了法国人做事的严谨和认真，也学到了法国足球的教育理念和教育精神。

(2) 认真思考

学会反思才能让我们更快的成长，学会思考才能让我们走的更远。每天我们都面对不同的问题，面对不同的困难，所以我做到了对教练提出的问题进行分析和思考。不管是在理论课还是实践课，对于教练提出的问题我都会有一个思考，如果遇到不明白的就赶快询问。同时我也在思考中国跟法国校园足球之间的教育模式有什么不同，它们的区别在哪里。

(3) 认真做事

正所谓“小事做不好，何以做大事”。所以我每次都认真完成班级交给我的事情，认真做好小组作业记录，实践课每次做到拿训练器材，收训练器材。同时也遵守班级的规章制度，积极配合班主任的管理。

经过这次留学，我还发现无论理论课还是实践课，都是有两位老师同时上，这一点对我们来说非常新鲜也非常有好处。首先两个人可以互相补充，实践课时一个讲师讲解，另一个就可以直接示范指导，或者在旁边布置场地器材，为下一个练习做准备。

如今培训已经结束，通过这段时间的理论、实践、视频学习和实地考察相结合的学习模式，对法国足球先进的教学方法、教学理念和教学精神有了更深入的了解。生活时间虽短，但是经历颇多，这将成为我以后人生道路上不可多得的宝贵财富。

图卢兹四班　张洪江（浙江省温州市绣山中学）

任时光飞逝，就在半年前我们每个人还在憧憬着三个月的法兰西留学岁月，可如今已经开始静心凝神，细心回味这段历程。此时心中纵有百感，似乎语言空洞，无法言表。首先还是心怀感恩吧，此次留学作为中法两国高级别人文交流的项目之一，教育部选派首批 240 名校园足球教练员赴法留学，作为千千万万基层体育工作者中的一员，能够开启这段留学经历，我深感荣幸。这也是建国以来国家组织规模最大的一次公派留学项目，感谢国家的重视与投入，感谢我的上级领导，感谢在此留学期间各方的付出，也感谢自己对于足球那份坚守之后的回报。如今带着满满的收获与历练之后的沉淀，所有学员即将踏上归国的旅程，更有千般不舍，一路的点滴记忆从来不曾淡忘。

初到法国就在开启正式留学生活的那一刻起，发现这里并不是我们想象的那样。语言障碍自不必说，住宿、用餐、往返学习的路途成了我们遇到最大的困难，开始那段日子，往返于四点一线之间，每天步行十几公里，还记得我曾经在日记中留言：再长的路也长不过你的双脚，慢慢地我的步子快起来了，学习的节奏也更快了。

(1) 文化体验的深入

根据法方的留学安排，每周三下午是法国文化体验课程。法方首先安排的第一站就是参观城市的中心——圣塞尔南大教堂，让所有学员感受一座城市的精神信仰；接下来第二周我们来到该城市的母亲河——加隆河，乘船穿城而过，体验这座粉红城市的名不虚传；文化之旅的第三站是来到法国南部的卡尔卡松古城堡，去体验有着 2500 年的历史积淀和悠久文化；尤其值得一提的是在十月一日祖国生日这天，我们打起“校园足球赴法留学全体学员祝祖国生日快乐”的横幅，亲身体会着身处异国他乡那种难忘的爱国情节。当天全体学员受图卢兹市长之邀参观市政厅，市长助理与法国大体协主席索特霍盛情接待。招待会前我们 80 名学员齐聚图卢兹市政广场，最后索特霍先生的那句“体育万岁！法国万岁！中国万岁！”更让我们深受激励。

当然最重头的还是体育文化的观摩学习。在法方预先的安排下我们先后来到了在当地有着 108 年历史和辉煌荣誉的图卢兹橄榄球俱乐部，了解俱乐部成功的运营模式，现场体验法国最高级别的橄榄球联赛氛围；观摩法国第四级联赛的科罗米耶足球俱乐部训练，并畅谈足球文化，了解法国联赛构架、球员培养方面的成功经验；之后再进一步深入法国校园，来到比利牛斯大区的一所高中观看学校层面的球队训练，探讨运动员招生、训练保障、球员梯队培养方面的模式。当然更多的是欣赏高水平的体育比赛，这是必不可少的，其中包括法国女子乙级联赛，男子第七级别的区级联赛，后面还有最高水平的法甲等等一系列的活动。可以说法方为我们安排的文化体验活动涵盖了各个方面、各个层面，显然是精心设计的，这使我们对当地的历史文化尤其是体育方面先进模式有了由外及内，由表及里的深入了解。

(2) 专业理念的更新

两个多月以来，法方安排的专业学习基本是以理论结合实践的方式，每天三小时理论三小时实践，每节课上记录大量的文字、图片和视频材料，作为班级的学习委员，我每天晚上再利用三四个小时把当日的记录转换成电子稿形式，并辅以做图和说明，对于有些重点或者信息量较大的课程内容，再次通过录像反复分析思考并一一记录，周末时再把一周内容归类存档上传班级与大家分享，虽然每天梳理这些内容需要耗费大量的时间，但每天坚持下来感觉这是一件非常有意义的事情，对自己来说也是一个促进和提高。

最重要的是对于足球的训练与人才培养模式方面有了更深入的了解和理念更新，具体包括以下方面。

1）学校与俱乐部的双向人才培养模式

学校和俱乐部是由国家的国民教育部和体育部主管，学校的主要目的是以普及和教育为主，男女生合在一起上课，主要学习基础性的内容，学校每周三下午不安排课程，学生休息或参加一些社团活动，学生课外训练和比赛也会安排在这个时间，训练或比赛中兴趣占主导，经常让学生扮演裁判的角色，竞争意识不是很明显。俱乐部和学校里的足球教学完全不同，在学校里比较优秀的孩子，如果想得到更好的发展和提高，接受更专业的足球训练就可以参加校外的俱乐部，学生每周末都会参加校外俱乐部训练和比赛，在法国有 2 万左右这样的民间俱乐部，即使在一些小的村庄里面也有，而图卢兹就有 100 个左右。

法国的一些足球理念是尽可能使训练或比赛处于游戏形式，调动孩子们的想象力，避免有太多的替补球员，并防止给球员排名。

2）完备成熟的竞赛体制

在法国，每个年龄段设置足球比赛的形式有明显区分，U9（8 ~ 9 岁）采用 5 人制的形式；U11（10~11 岁）和 U13（12~13 岁）采用 8 人制形式；U13 以上采用 11 人制。

而 U11 和 U13 的八人制又有所区别。U11 场地相对较小，比赛时间短，越位规则只从罚球线开始，守门员发球是手抛球或地滚球，不能踢高球，边线发球是运球进入或地滚球传入场内，任意球点距离人墙是 6 米。U13 的比赛有特殊规则：在半场的中间 15 分钟时有 2 分钟的调整，教练员可以给出一些建议，这时越位规则已经扩大到全场，上下半场要求每个孩子至少可以踢半场的时间，无论技术怎样球员上场表现的时间应该是一样的，守门员的技术专项练习可以从这个年龄段分离出来。非常好的一点是，边裁是由两个队一边出一个替补球员担任，目的是使球员更好地理解越位规则，这也是一种对球员的教育行为，目的是培养尊重裁判的意识。

11~13 岁属于过渡期，这个时期非常的重要，刚从五人制过渡过来，到了 13 岁又开始向 11 人制慢慢过渡，在法国，13 岁以下是没有联赛的。

另外全法国至少有 15 个级别的联赛。

组织级别构成：

国际

↑

国家级：5 个联赛级别

（职业的法甲、法乙和国家级，业余联赛 1 级，业余联赛 2 级）

↑

大区级 5 个联赛级别

↑

省市级 4 个联赛级别

完备的竞赛模式和体制非常有利于人才的培养和选拔。

3）科学严谨的训练规划

根据青少年各年龄段身体发育的特点，实施有针对性的专业训练。小孩子接触足球的最小年龄是在 6 岁左右，开始的时候鼓励多用脚内侧踢球，针对 6~7岁这个年龄段的孩子，可以通过运球、带球过人、传球和控球、射门等动作多锻炼孩子的协调性和神经运动机理方面，同时要重视左右肢体的平衡训练，到 9 岁左右可以慢慢结合情境引入技术练习，等到了 12~13 岁就可以接触脚外侧踢球技术。

生理发育方面，6~7 岁年龄段的孩子长得很快，所以要多练习协调性，一般来说各年龄段的球员都要锻炼协调性；6~10 岁是训练反应速度的最好时间，在 18~25 岁反应速度达到最快，25 岁以后逐渐减弱，所以在这之后要经常的训练；

柔韧性方面，因为小孩子从11岁开始身体柔韧性下降，所以要加入不同的伸展项目练习，到16岁开始要一直保持柔韧性的训练；速度训练在10~14岁是关键时期，但也一直要保持，贯穿整个训练；有氧训练最好与柔韧性、协调性练习等结合在一起；体能训练从17岁以后开始，最好是结合球的，对于17~18岁的球员，可适当加一些力量练习，但一定要少而轻！

4）以赛为主的足球训练模式

在法国一节传统的训练课，大致的流程是：热身—小型比赛—技术或情境训练—完整的比赛，他们认为所有的技术、技能都要源于比赛，服务于比赛，比赛在整堂训练课所占的比重非常大，达到60%左右，这与国内完全不同。教练员通常会根据当天的训练主题把比赛安排在热身后的第一阶段和训练的最后阶段，前面的比赛目的是为了使球员能在比赛中主动发现存在的问题，然后利用接下来的技术或情景训练来解决实际问题，通过不断地重复与改善，最后把训练成果再一次运用到比赛中，解决当天的训练主题，完成一堂训练课的目标。

在科学有效的训练方式下，法国教练重点强调一节课的主题要一直贯穿于整个训练的始终，即从热身环节到最后的比赛环节，必须围绕训练课的主题来展开。在情景训练部分，教练员紧密围绕训练主题，通过不断地改变规则或者限制条件逐渐接近真实比赛情境。法国足球这种以比赛为主导的训练模式非常值得借鉴。

(3）职业素养的渗透

1）协同分工，保持高效

来到法国，从走进课堂的第一天起，感受最直观的变化就是无论理论还是实践课，都有两位讲师同时授课，这一点对我们来说非常新鲜。通过几节课的观察发现，两个人一起授课的好处是可以互相补充，尤其是实践课，一位讲师在讲解、表述的同时，另一位可以直接参与并示范指导，或者一位讲师在上课的同时另一位讲师已经在旁边布置场地，为下一个主题做好准备，这就使课堂保持非常高的效率。协同分工，充分利用课堂时间，高效完成教学目标这是给我们带来的深刻理念。

2）讲师的职业态度令人敬佩

每讲师在授课前都非常重视备课环节，每节实践课务必提前到场，亲自布置场地，而且无论场地的大小、颜色和标志物的高低区分都非常精确。另外教案设计非常精细，严格遵守统一的足球大纲要求，非常系统，每个情景训练都有明确的实现标准和成功标准，这两者有着严格的区别。对于比赛当中出现的技术问题，讲师会当即纠正，马上设计针对性的练习，教练的执行力非常强，并且对细节的要求非常苛刻，这也使我们认识到具有非常敏锐的洞察和对课堂的专注是一名优秀教练员必不可少的条件。

3）重视交流，对问题绝不回避

交流是一种艺术，善于交流，在授课中善于倾听，尊重学员的意见和想法，能够耐心应对，重视换位思考，这也是我们看到的一些优秀讲师的品质，非常值得我们学习。

4）善于鼓励，以建议代替批评。

无论对学生授课还是对于我们这些成年的学员，按照他们传统的理念，都是以鼓励为主，更多的是提出建议和方法，或者以既定的规则来约束，很少责备或提出批评，这对于孩子习惯的养成和自信心的培养非常必要。

5）重视实践能力的培养

理论课堂注重互动，经常以分组合作方式讨论并设计教学模块，实践部分安排大量的模拟教学和学员展示，根据不同主题，学员集中面对面授课，讲师及时做出点评和纠正，并提出合理的设计方案供参考，这样的形式对教练执教能力培养是扎实可见的。另外法方专门安排了所有学员针对小年龄段球员的授课，面向小学三、四年级几乎零基础的对象，在克服语言困难的情景中，如何施教更是一种新的体验与经历。

（4）建议

①培训前提供资料，尤其是理论方面相关材料的翻译版，而不是在培训结束之后才提供，这样能使课题更高效，清晰明了。

②培训讲师方面的资质背景，执教层面级别，需要对中方公开，提前了解很有必要。

③建议根据学员本身在国内的任教层面，分区分块组建班级，而选派相关专业讲师进行更有针对性的培训。

④在北京行前培训时，对所有学员加强组织纪律性渗透，重点进行规章制度的学习，使所有学员身怀使命感与责任感，而不仅仅是文化和礼仪的学习。

⑤每个班级至少配备 2 名翻译，这样一是有保障，二是减轻翻译的工作压力。另外翻译的专业水平需要提前培训，这一点非常重要。

（三）蒙彼利埃学区

蒙彼利埃一班　张杰（石家庄经济学院）

“足球精神是一种团结进取的团队精神，是一种崇高的爱国主义精神，是一种不屈不挠的民族精神。”——这是我参加 2015 年校园足球教练员赴法国留学的真切感受。

做为石家庄经济学院一名足球教练员，由河北省教育厅主管部门推荐，被全国青少年校园足球工作领导小组办公室、国家留学基金管理委员会、中国大体协联合选派，于 2015 年 9 月 15 日—12 月 15 日赴法国集中培训学习。此次留学是中法高级别人文交流机制的重要成果之一，也是建国以来规模最大的一次集体留学项目。

(1) 系统的行前培训，增强团队凝聚力

9 月 5—15 日，在首都体育学院进行了为期十天的行前培训。

各级领导的关怀，让我们感受到大力发展校园足球有利于我国青少年身心成长，有利于增强我国青少年体质，对于实现中国梦起到重要作用。理论知识学习，让我们重温了足球的静与动，领略了校园足球新战略和现代足球发展趋势。足球不只是一种运动，更是一种文化，一种团结与力量。紧张有序的素质拓展训练，我们收获了成功的喜悦，调动了我们学习的积极性，让我们深切体会到默契配合、努力拼搏的重要性。

在班级里我负责宣传报道和资料整理工作，在行前汇报总结中，我代表蒙彼利埃一班，汇报了培训的感受与收获。

从不同的方向，怀着无限憧憬，我们来到了首体。教室里，我们重回学生时代，聆听着专家们精湛的理论知识，绿茵场上，我们挥洒着激情的汗水，结下了深刻的友谊。我们在球场上秀脚法，微信里谈观点、秀文笔——带走一些智慧，让它温暖你的生命，留下一些脚印，让它停留在足球球场上。班级的每一位成员都在为集体传递一种热情，贡献一份能量。是足球让大家找到了共同的快乐！因为足球是友谊的桥梁，更是梦想的传递。

(2) 浪漫的法国之旅，感受文化的魅力

北京时间 2015 年 9 月 15 日早晨 5 点 30 分，我们这群来自五湖四海的学员们离开了美丽的祖国。经过了十几个小时的长途飞行和转机，在金色夕阳的照耀下，飞机降临在蒙彼利埃机场。在机场，法方为我们举行了简短的欢迎仪式。非常感谢法方为我们提供了干净、舒适的住宿环境，为我们在生活、餐饮方面提供了良好的保障。同时，严格的日常生活学习规章制度，为我们的安全提供了重要保障，不辞劳苦的两位专业翻译，能及时为我们生活、学习排忧解难。

独在异乡为异客，每逢佳节倍思亲，在浓重的思乡之情和繁忙紧凑的学习中，我们迎来了中秋和国庆佳节。我们用自己的方式为祖国和家人祝福。“同吃饺子宴、喜迎中秋夜，绿茵同竞技、共贺国庆节”。这是我们每一个身处异国他乡的足球追梦人送给祖国的生日礼物。我们把中国传统的饺子送给这里的工作人员和法方代表，让他们也感受到东方的美食文化。这样的集体活动给大家提供了彼此沟通交流的机会，增强了集体的凝聚力，大家都体会到了合作的快乐与家庭的温暖。

(3) 专业的课程学习，领略足球的智慧与力量

在学习上，指导教师全方位的讲解法国足球的理念和训练方法，我们深切地感受到法方教学分工明确，既有所侧重，又统筹协调，所有课程内容环环相扣，对法国足球训练先进的教学思想和模式有清晰的理解。每天课后，大家还要回看当天上课的录像，对问题进行分析，对作业进行讨论和汇总。学习过程中，我们聆听、思辨、分析、反思，为今后更好地去尝试、创新、提升我们自己的教学与训练，积累了丰富而专业的理论知识和实践技能。

1）启蒙阶段训练

通过学习我们了解到，法国对儿童足球的启蒙训练，不在于基本功的练习，而是让孩子们更快乐地去玩耍，在游戏中产生对足球的兴趣。比赛为主，但不是真正的比赛，更多的是游戏。提倡在 5 人制中踢足球。把场地划分为 4 个区域：控球区、推进区、进攻区、射门区。从中学习更多的知识，主要目标是培养孩子更多的接触足球，对足球产生兴趣，从而增加了孩子们踢球的经验，对孩子的激励都是通过游戏来代替，让孩子愉快的踢足球，最终的目标是让孩子达到更高的层级。

2）8 人制足球训练

法国的足球智慧，即用最简单、最省力、最有创意的方法，去收获最大的效果。法国 U11 的 8 人制足球场有一条与禁区平行的蓝线，前场和后场蓝线之间的区域没有越位。等过渡到了 U13 阶段，就恢复到正常的足球规则，过了中线有越位。看似一个小小的改动便可以很顺利地帮助青少年成长过渡，这就是法国人的智慧。

法国在青少年教学训练中始终贯穿着游戏性和竞争性，在 8 人制足球训练方面，注重开发孩子们的足球思维能力，学会正确的踢球方法。内容也就是传、接、控、带、身体机能、比赛等，形式上没有什么很特别的地方，最突出的特点是竞争机制。每个练习以游戏的形式植入胜负的观念，对抗练习比例较大，让孩子们不怕身体对抗，在高速时，在对抗时运用技术动作，练习的趣味性很高，孩子们很开心，始终是在玩的状态下来学习足球。例如将一件训练背心塞在裤子后面，变成“尾巴”状，有“尾巴”的人保护好“尾巴”，尽量不让没有“尾巴”的人抢到，这个游戏的另一个版本，是把“尾巴”放在裤子的前

侧。这不只是一个和体能、速度、敏捷相关的游戏，还与足球的两个基本技术动作，正面防守和背向护球有关，足球的基本功训练就这样蕴含在一个游戏之中，原本枯燥的基本功训练也都可以在游戏中完成。很多国内教练看了他们的训练课都不以为然，觉得像是在玩一样。其实这正是中国足球观念不如别人的原因，一项运动首先要让孩子从中感受到快乐，进而产生浓厚的兴趣。如果没有兴趣，孩子就不会有专注度。

3）中国与法国足球理念本质区别在于教学方法

严师出高徒，这是我们很多中国足球教练和老师们信奉的准则，而所谓严师的“严”，往往就体现在对学生的苛责甚至是惩罚上。而法方认为在青少年足球训练中绝对禁止批评和惩罚孩子。在他们看来批评和惩罚孩子，会使孩子在足球训练中体会不到快乐，当快乐离他而去，那么他就可能会失去对足球的兴趣。在法国所有训练活动中，都在强调分享的理念。通过分享球、分享快乐，来实现共同的目标，获得共同的快乐。让孩子们一接触足球，就建立起团队的概念，明确团队才是真正快乐的源泉，体会足球运动的核心特征。教学中采用积极主动教学法：“要鼓励，不要惩罚”的教育理念，通过提出问题，引导学生思考，激发队员自行阅读比赛的能力。最后教练会给出正确答案。这样可以让队员记忆储存，形成更好的动作记忆，避免在以后的训练中重复出现错误。教练们都很有耐心，用更多的讲解与示范，让队员知道正确的技术动作。即便有时候孩子们做得不够好或者有些调皮捣蛋，法国的教练们依旧是很有耐心的来给孩子们指导。孩子的成长需要自信，而自信来自赞美，更何况每个孩子都有自己的优点，就看老师教练有没有去发现了。并且法国有每个年龄段都完整的训练大纲和严谨的课程教学模式，严格按照青少年的身心发展规律和正确的训练大纲进行针对性的训练，尽管校园的足球教育与俱乐部的足球培训在方式方法上会有一定的出入，但在理论层面却是保持高度一致的，教学过程中所遵循的基本原则却始终是一致的。这样一来，我们会发现，正是由于法足协制定了统一、细致的足球培训大纲，而且法国上下各层面严格地执行这一大纲，所以才会形成法国统一的足球教学理念。

4）学以致用，为法国体育学院学生授课

经过一个多月的学习实践，我们学员设计的实践课内容不断获得讲师们的好评，优异的表现，也为我们获得了给法国大学生上课的机会。通过精心准备，运用在法期间所学到全新足球训练理念，作为教练组成员，代表蒙彼利埃留学团队，给法国蒙彼利埃大学体育学院足球专业高水平的学生上了一堂高质量的训练汇报课，并得到法方弗莱德导师及法方教练组和同学们的一致好评与认可，训练结束时法方队员都主动向我们的教练组竖起了大拇指，我们也与队员紧紧握手，对他们的配合表示感谢，在弗莱德导师的总结和赞赏下，我们成功地完成了这一堂公开示范课的教学。

通过这次公开示范课，也使我更加深刻的感受到法国足球训练理念的科学性和合理性。未来，如何结合我国校园足球的实际情况，如何把法国先进的足球训练理念植入到我国校园足球训练的最前线，是我们目前最需要去深入思考的内容。

(4) 作为优秀学员代表，向教育部郝平副部长汇报工作

法国当地时间 2015 年 10 月 24 日下午，中国教育部副部长郝平一行专程来到法国蒙彼利埃看望慰问了在此留学的校园足球教练员们。作为优秀学员代表向郝平副部长汇报了留学期间学习生活感悟，听完汇报郝平副部长给予充分肯定，并提醒全体学员在学习过程中要时刻想到自己的职责和使命，回国后要用自己所学到的本领更好地辐射更多的区域和老师。也对全体教练员们学习的态度予以了表扬，并要求大家做好最后的总结报告工作，给党和人民交出一份满意的答卷，为中国校园足球的发展贡献自己的力量。

(5) 感受欧洲俱乐部文化

在学习理论知识和实践课的同时，我们还参观蒙彼利埃俱乐部和法国青少年业余俱乐部训练，让我们亲身体验到法国足球训练的实战与高效，球员们都具备职业队员的素养。我们还观看了欧洲高水平比赛，蒙彼利埃队对阵巴斯蒂亚队的法甲联赛；自费去里昂观看了里昂对南斯的法甲比赛以及利用万圣节假期赴巴塞罗那诺坎普球场观看了巴塞罗那队与埃瓦尔队的西甲联赛；AC 米兰对热那亚的意甲联赛。在观赛的过程中，我们感受最深的并不是比赛紧张、刺激的过程，也不是人山人海、激情澎湃的球迷，而是自觉地研究比赛双方的阵型和打法，由此可见，学习的辐射已经深入到每一位赴法学习的学员脑中了。压力有时也是动力，它会让我们思考如何战胜困难，走向成功。这里的求学生活常让我们与疲劳和紧张相伴。每天上午是理论课学习，下午到足球场实践学习。晚上又要总结、讨论、写日记、写作业……每天时间都是满满的，但仍然觉得不够用，因为需要学习的东西太多了，先进的足球理念，高效的课堂训练，让我对以后的教育教学和训练实践更加充满了信心，让我对“阳光体育，快乐足球”有了更深层次的感悟，同时我找到了自己的困惑所在，相信自己会更加热爱自己的足球事业！

此时，学习也进入倒计时阶段，尤感三个月的学习时间短暂。未来，我还将虚心请教，细心总结，认真归纳，把所学所感装进我们脑海中的酒窖，让它发酵后变成一杯杯法国美酒，待到回国，给祖国人民好好品尝，也期待把它变成一种先进的足球意识、思想、文化，传播给祖国的孩子们。

再次感谢领导的关心，也感谢留学团队中所有老师、同学的团结、无私、合作、友谊，才使得我们无比快乐地沐浴在这先进的足球学习环境之中。感谢伟大的祖国，感谢教育部，感谢首都体育学院，我们是中国校园足球教练员赴法留学蒙彼利埃团队，我们一定会再接再厉，学有所成，报效祖国！

蒙彼利埃二班　马启财（西宁市中庄小学）

2015 年 3 月我有幸被选中参加中国校园足球教练员第一批赴法留学人员中，这样的机会不仅仅是对我以前成绩的一种肯定，也是领导对我的一种信任，更是一种鞭策，让我能够在以后的教学上更加努力奋进，为青海的校园足球奉献自己的最大能量。

9 月是一个收获的季节，告别了高原古城西宁，带着领导的信任和孩子们的期望，我来到首都体育学院进行赴法前培训。在这为期一周的培训中我认识了一群来自五湖四海的朋友，我们揣着共同的一个足球梦，一起努力，一起许下为校园足球努力的诺言：“寻梦法兰西，共筑足球梦。”经过在首体一周的行前的培训让我更加明白了本次赴法留学的意义，也让我更加坚信自己此行的目标。

9 月 16 日，在经过首都体育学院为期一周的行前培训后，我们从北京启程，经过了 16 个小时的长途飞行，来到了位于法国南部的美丽城市——蒙彼利埃。对于我们这些足球教练员而言，此次赴法之行无疑是一个巨大的挑战。首先，摆在我们面前的是语言交流的障碍；其次，我们面对着中西方文化巨大差异的冲击和足球理念的不同；最后，我们还得尽快适应法国足球教学的独特模式和饮食习惯。

在经过短暂调整后，我们带着对法国先进足球理念的无限憧憬，迅速调整了状态，不仅对法国当地风土人情进行了细致的了解，而且以最快的速度进入了学习的状态。经过一个多周的简单学习与生活，我们逐渐加深了对此次赴法留学目的地蒙彼利埃的了解。这是一座古老的城市，位于法国南部、地中海沿岸，是法国第八大城市，也是法国南部重要的工商业和交通中心。我们学习与生活的地方在一个名叫拉格朗德莫特的小镇上，距离地中海仅五分钟步行路程。给我印象深刻的是蓝天、白云的完美结合犹如一幅优美的风景画。在如此美景下的感觉仿佛让我回到自己美丽家乡，那么亲切。这里最有特色的属于典型欧洲古老的建筑，可以将这些称之为老“古董”。走在大街上，看到伫立在马路两旁的精致建筑，就能直观感受到法国历史的悠久和文化底蕴的深厚，令人不得不为法国政府和人民对这些珍贵遗产的保护和共识发出感叹。其次让我感觉到最欣喜的是法国人的热情，他们也很有礼貌，见面会主动问好，车辆会为行人让路，行人都是自觉遵守秩序……仅仅这些日常生活中的小事已经给了我们很多启迪和思考。

当然，此次赴法之行的重中之重，还是数法国大体协为我们量身定做的足球教练培训课程。前两周的课程主要围绕了解法国足球体系及青少年培养理念进行。在青少年培养理念课程中，我看到了中国与法国之间实实在在的差距。法国的青少年（小学一年级到五年级，注：法国小学施行五年制教学）每周只进行一次训练和一次比赛。说到这，读者或许会产生疑惑：如此少的训练，会产生好的效果吗？答案是肯定的。在这里，青少年足球训练不追求次数，而是让孩子在天性中享受足球所带来的快乐，在乐趣中对足球产生兴趣，在兴趣中喜欢上足球运动。此外，少年阶段的足球训练安排得也非常有新意，所有的训练都用游戏的方式来进行，让孩子在游戏中寻找快乐，在快乐中学会足球。之后，随着年龄的增长、身体的发育及各方面素质的不断完善，再逐步增加训练次数、时间和相关内容。反观国内现状，大面积的素质选拔，一开始就从颠球、传球、运球等开始训练，我在心里不禁发问：我们所提倡的快乐足球，做到了么？孩子真的快乐吗？有没有在课堂或训练中充分去发挥孩子的创造性呢？法国教练经常说的一句话就是："比赛是最好的老师。"这简单的一句话让我回到自己的训练中，让我开始怀疑自己有没有真的去用心对待我的每一个孩子，有没有让他真正体验过足球带来的乐趣呢？这一系列的疑惑会带着我一直努力地去寻找自己需要的答案。

法国足球体系让我感触最深的是，无论从 6~17 岁的青少年足球，还是各个不同水平和级别的俱乐部，全国上下各地区都有一套相当完整的联赛体系，这种体系下采取的是升降级制度，无形中有效地刺激了足球比赛的良性循环及竞争意识。让我们试想一下，孩子从开始接触足球不久，就在比赛氛围中不断历练和成长，一直到高中、大学，这将是一种多么"可怕"的现象，他们会是怎样一种水平？其实，通过学习和观摩当地青少年比赛发现，单从技术角度讲，相同年龄的国内球员要比法国球员强许多，但法国球员在球场上展现出的战术素养，却是我们的孩子远远达不到的。法国球员战术纪律十分严明，整体队形保持严谨有序，与国内的职业俱乐部不分上下。从这里，我们便可以想象出法国青少年足球的水平之高。如果在今天要找出相互间的差距，一套完整的比赛体系不得不提。我想，在开展校园足球过程中，这应该是非常重要的一部分。

细微的变化让我们望尘莫及，从 5 人制比赛演变到 8 人制的比赛再到 11 人制的比赛，法国人从中生活的点滴发现再应用到足球场上，这些小小的举动不得不让我倾心佩服。经过三个多月的学习我把从他们身上学习到的精髓总结为“葡萄现象”“神奇的蓝线”“绵羊效应”“开口的魅力”和“斗牛者的精神”。虽说只是自己的观点，但是让我真真的体会到法国足球的魅力，他们如此巧妙能将生活和足球完美的结合，这些结合是我们无法媲美的。因为他们热爱生活，更热爱足球，只有真真热爱了某些东西，那么你才会努力去思考和发现，这又恰恰符合了法国青少年足球开展中最重要的一个教学方式“启发式”教学。

耐心的教导让我们受益匪浅。在法国的这三个月，除了学习上的收获以外，给我最大的感触就是老师们的热情。在蒙彼利埃的学区内，法国大体协派给我们的教师团队虽说不上是最优秀的团队，但是我想肯定是最负责的一个团队。因为在这的每一个老师都用自己最大的热情帮助着我们，让我们从开始的抵触，到热情的接受，最后到愉快的学习阶段，老师就像一个不知疲倦的机器，一次次地重复着法国足球的教学理念，没有丝毫厌烦。更难能可贵的是他们从不会因为一个学员的抵触而放弃自己的教学理念。“学以致用”，用老师最热情的方式将法国足球的教学理念应用到我们将来的教学中，或许这就是我们最大的收获。

架起中法友谊的桥梁，做文化传播的使者。在北京的行前培训中，教育部的领导曾经也要求我们做两国文化的传播者。语言的不同，饮食的差异造就了两种不同的观念。而在法国的三个月的求学过程中，我们不仅仅做到了足球理念的交融，更在生活点滴中将两国的文化也完美结合。课堂中你会随时听到“你好”“集合”“足球”“加油”等等的中法词语的碰撞，这些碰撞不就是一种文化，一种语言最好的传播吗？

做有心人，期待着为中国校园足球添砖加瓦。伟大的革命战士雷锋曾这样说过“我是革命的一块砖，哪里需要哪里搬”。的确如此，我们之所以成行能够在浪漫的法国追逐自己的足球梦时，这些背后不就是强大的祖国给予我们的使命和责任吗？能够学习世界上先进的足球理念和知识，既是动力也是使命，我们相信只要每一个人在自己最平凡的岗位中去努力播撒足球的种子，相信不久的将来，中国的足球也会因为你的付出而变得强大。

（四）波尔多学区

波尔多一班　马晓云（兰州大学附属中学）

在法国的学习已经接近尾声了，适应了波尔多的生活，包括这里的一切，突然说马上要走了，还真的有许多的不舍。每日三点一线的生活，虽然辛苦但是感觉很充实。3 个多月的学习让我有了非常大收获。以前从来没有想过自己会有这样的机会出来学习，而且还是在足球最发达的国家学习，因此我也格外珍惜这次学习的机会，希望自己能够尽量多的收获到先进的训练知识，回国后能够为我们当地的足球训练工作贡献自己的一份力量。现在学习即将结束，我也想将自己在法国学习的感受做一个简单的总结。

(1) 生活学习方面——珍惜人生唯一一次留洋经历

我从小从农村出生，对于出国留学，在来到波尔多之前，都没有想过。这一切感觉自己在做梦一样，根本不敢相信会有这样的机会出国学习。从登上飞往巴黎的飞机开始，感觉自己的心一直在空中自由的飞翔，那种兴奋的感觉难以言表。在飞行了十几个小时后到达了波尔多的驻地，此时大家已经整整 24 小时没有睡觉了。在法方人员的带领下我们顺利的安排好了住处，虽然条件和大家想象的有一定差距，但是在班主任老师的积极沟通下也圆满的解决了问题。虽然是很小的一个事情，但在这个过程中看到班主老师用流利的英语与法方工作人员交流，并在最后圆满的解决问题时，从他们对于我们的态度就能感觉到我们的祖国在日益强大。在接下来的几天大家都在调整时差，也在慢慢了解这个城市。我们上课、住宿以及训练的地方不在一起，相互之间有一段距离，刚开始大家还有些怨言，但是转念一想我们是来学习的又不是来旅游的也就没有再多想，其实到现在走习惯了，根本不算远，反而还感觉我们这里交通很方便。波尔多是一座美丽的城市，这里古朴的建筑，以及优美的环境让我感觉处处都是风景，走到哪里都情不自禁的拿起手机拍照。蓝蓝的天空，飘着像棉花糖一样的云，那种感觉就两个字“安逸”。

在一切就绪后，我们开始了紧张的学习。到现在我还记得第一周那个辛苦，每天平均的步行距离都在十几公里，因为自从大学毕业后很久都没有这样过了很不适应，感觉上课像打仗一样。早晨 7:30 出门，到晚上的 7:30 左右才能回到宾馆，晚上还要讨论总结白天的课程最后整理笔记，等到睡觉的时候已经基本 1 点多了。那时候看到枕头真亲切，用我们同学说的一句话就能很好地形容当时的状态：“无论在哪儿，只要把我放平躺一会儿就满足了！”最后大家也付诸于实践，中午无论是在桌子上还是窗台上睡的到处都是，没有地方躺的就趴在桌子上休息一会儿，如果让家人看到还真会有些心酸。虽然辛苦，但是来这里的每一个人都明白自己来是为了干啥，只要一上课所有人那种对知识的渴望让我们自己都有些感动。每个人的眼睛都直勾勾地盯着前面，虽然听不懂老师说什么，但是都生怕错过了重要的点，当翻译把老师讲的内容说出来时，你就会听到一阵速度极快的键盘敲击声迅速的将内容记录下来一字不差。这种情景就是在高三考大学的时候也没有出现过。理论课结束紧接着就是实践课，需要步行 20 分钟才能到达场地。实践课是每个人都要上场的，法国教练员要求很高，哪怕一个细小的环节没有做好也要被叫停，指出问题后再继续进行，直到完全按要求做好才能结束。几天的课下来，有些不经常活动的老师已经有些吃不消了，但是大家还是相互鼓励坚持了下来。就这样经过两周的适应大家完全适应了这种节奏，开始全方位地接触法国青少年足球的训练体系。此时所有人都明显感受到我国青少年足球和法国相比，真的有不小的差距。从训练理念、训练方法、教育理念都有很大的不同，这其中有些是因为大的环境造成的，但有些却是我们这些教练员没有做好的。那段日子每天晚上总结的时候经常会因为意见的不同引发大家的讨论，直到每个人把自己的问题解决了才肯停下来。这种方式我喜欢，不争不辩大道不现，每个人都把自己的想法说出来，有了思想上的碰撞就一定能够产生火花使大家都有收获。这种学习的状态现在还在延续，在经过了解、学习、运用这几个阶段后，现在大家已经能够比较熟练地运用所学的这些知识进行训练了。这一切真的要感谢我们的班主任老师，从他身上我学习到了很多。

从到达波尔多的第二周开始，法方陆续为我们组织了很多活动。这些活动也使班里的同学之间越来越熟悉，感情也越来越深厚。大家都说，能让大家聚在一起 3 个月形影不离，这是前世修来的缘分。除了每天上课在一起，到现在我还清晰的记得我们一起的每一个快乐瞬间，我们一起在中餐馆过中秋，一起去阿卡熊海滩吃生蚝，一起去冲浪，一起去看波尔多主场的球赛，一起去打高尔夫球，一起去旅游，每一个瞬间都让人难以忘怀。尤其是 10 月 23 日以后我们搬进了新的宾馆，这里的条件很优越可以做饭了。大家都开始自己在房间做饭吃，我们的 20 个人来自全国 9 个不同的省市，大家不但在学习上进行了交流，现在也可以在厨艺上进行交流。班里组织了 2 次厨艺大赛，每个人做一道菜然后大家集中在一起吃，最后评出哪个做得最好。第一次仅仅开吃 5 分钟所有的盘子就都底朝天了，虽然冠军的归属毋庸置疑，肯定是来自洛阳的许大厨，但是让我感觉那天大家都是冠军，我们比的不是厨艺，而是在比家的味道。第二次比赛全班同学一起包了饺子，还邀请了法方的 5 位工作人员参加。我相信那天的法国朋友对我们的菜绝对难以忘怀，因为我感觉法国菜确实很一般。随着第二次聚会的结束，我们的学习也逐渐接近了尾声。在晚上闲聊时，大家更多地说到了分离的话题，能感受到每个人都一种不舍，不舍这里的学习经历，更不舍在这里与自己朝夕相处的人。

(2) 学习感悟

1）对足球的科学研究和完善的教练员培训体系是法国足球的基础

首先法国所指的足球它并不仅是一项运动，而是一门学科。他们将关于足球的所有知识进行归纳，从训练准备、生理、专业基础知识、训练、体能、运动框架、心理等各个方面进行全方位的研究。同时在实践中不断设计各种训练方法和教学模式进行尝试，取得成果后在全国推广执行。法国的青少年足球训练中，教练员在什么年龄阶段达到什么样的目标，主要训练什么方面，通过什么样的方法训练，都有明确的要求。法国不但对足球本身有着科学的研究，同时他们也将这套科学训练体系一层层地贯彻到了最基层，形成了一个严密的体系。在这套体系下，每个年龄层次的教练员严格执行训练体系内的要求，将足球人才从最底部推选到了国家层面的队伍。

2）健全的联赛机制和青少年培养体系是法国足球的动力

在法国一共有 17 级的联赛，从地区级联赛一直到的国家级联赛，从业余联赛到职业联赛，一级一级地晋升，有升降级。各级联赛有专门的人负责，对联赛进行管理和评估，以促进联赛的健康发展。法国协会法规定，所有注册的俱乐部要建立健全自己的管理和青少年培训体系，每个俱乐部从 U13、U14、U15、U16、U17、U19、女足、业余训练等都要建立自己的体系，并配备专业的教练员。这样健全的联赛机制和完善的青少年培养体系真的让我很吃惊。不仅职业俱乐部如此，在各个层级的业余足球俱乐部中都有着自己完善的培养体系，那么在这种体系下未来培养出人才也是必然。

3）先进的训练理念是法国足球的秘诀

法国青少年足球训练就和法国人使用汽车一样，用两个字来形容那就是“实用”。从比赛中来再回到比赛中去，是法国足球训练追求的终极目标。从训练的设计、场地的安排都从比赛的实际出发，尽最大限度地让队员感受比赛的真实场景，一切为比赛服务。

①教学法。

法国青少年足球训练的教学法分为两种：主动性教学法和指导性教学法。

在训练中，主动性教学法是教练员发现问题后通过情境的设置、提问和引导的方式促进运动员积极地观察、主动地思考和决策的一种教学方法。在训练中教练员为了提高队员技术和战术掌握的熟练程度，让运动员按照要求有目的进行大量重复的训练，这种教学方法就是指导性教学法。主动性教学法的目的是使训练的队员学会自己思考，最终能够自己发现并解决比赛中出现的问题；指导性教学法的目的主要是：当发现比赛中出现的问题后，需要一些技术和战术的支撑，就通过对技术和战术的大量重复训练，来提高队员对技术和战术的熟练程度。指导性教学法是提高队员在比赛中决策后的执行能力，主动性教学法则是提高队员思维决策能力（比赛的适应能力），技术和战术是表达思维决策的一种途径，而思维决策能力则是要通过对信息获取和分析获得的，两者之间相互补充。

②教学模式。

法国人发明了 3P 教学模式，这也是他们青少年足球训练理念的的结晶。主动性教学法和指导性教学法结合 3 种不同的教学模式使训练变得更有针对性，从而大大提高了训练的效率。

执行教学模式（PME）。是指导性教学法，是指教练员让队员按照要求完成训练，让队员在没有对抗或有对抗的情况下反复地进行练习，在练习中要提出对训练的要求，告诉技术和战术的一些解决方案，如如何运用技术、如何移动等，是一种对技术和战术的强化训练，通过训练使球员技术和战术更加稳定。

战术决策教学模式（PMDT）。是主动性教学法，主要在情景模拟教学训练时使用。这种训练方法在对抗人数不相等的情况下进行，将情景设置的目的和动作指令告诉队员，让队员重复进行训练，教练员可以给出建议，与队员互动，增强队员对不同情景的适应能力。这种训练方法可以节省时间，是一种更有效率的训练方式。

自我适应教学模式（PMAA）。是主动教学法，教练员进行对抗训练的时候采用这种教学法。首先给队员一个目标，对球员的动作提出要求，让他们自己在遵守规则的前提下自由地进行对抗，教练员通过观察发现问题后叫停，提出问题，引导队员发现问题，并自己通过努力去寻找答案。通过这样的方法增强队员对不同情景的适应性，使队员学会自己解决比赛中出现的问题。这种训练方式可以提高他们的主动性、动机性和好奇心，也是队员最感兴趣的教学法。

③合理的课堂结构。

法国的一堂训练课一般分为 4 个步骤，包括对抗—情景—技术练习—对抗。这种合理的训练步骤安排与他们一切从比赛出发的训练目标完全一致。在训练课中保持了训练的高度一致性，从开始到结束紧紧围绕主题，有针对性地解决出现的问题。

最重要的是在训练课组织和设计上。教练员在训练前需要花费大量时间进思考和设计，让对抗、情景、技术练习、对抗 4 各环节紧密联系，通过对抗使队员发现自身存在的问题并在教练员的引导下自己寻找解决办法。当发现解决问题的办法后通过情景训练来强化，如果出现技术问题再运用技术练习提高技术能力，最后回到对抗再反复运用。这种教学流程让队员的学习保持一个连贯性，主要提高队员在比赛中的适应能力，使队员在遇到问题时首先知道怎么解决，需要运用什么战术、技术，而且会通过大量的重复练习来提高战术和技术运用的熟练程度，保证训练课能够流畅的进行，提高训练的效率。这就是为什么我们在平时观看一些国外孩子训练时技术并不突出，但是一到比赛场上却适应能力很强，运用动作也非常合理的原因。这才是真正的从实战出发。

④技术动作的重复。

足球这项运动，技术是发挥运动员所有能力最终的表达方式，也是让足球运动员表达自己足球思想的唯一途径。运动员在场上出现的技术失误是因为教练员在平时训练中没有多次地重复，不应该去责怪运动员。因此，对于技术的掌握最有效的方式就是通过大量的重复来提高技术动作的速度及准确性。在训练中教练员要充分了解自己的队员，为每名运动员制订个性化的技术训练，让技术动作经过无数次的重复后，让它成为一种习惯性的动作，使运动员能够在比赛中良好地掌控球。同时还要保持运动员技术的连贯性，就是指将各个方面的技术衔接起来，强调通过小碎步、支撑脚的选择和球感来支撑技术的连贯性，让运动员对球的控制达到人球合一的境界。

4）对足球与教育的理解是法国足球的灵魂

对于足球，人们都有各自不同的认识，但是真正能像法国人这样认真的去钻研足球的，又有多少呢？先进的训练理念不会总是先进，总有一天会被新的理念所取代，促进足球训练理念不断发展的真正原因应该是不断创新。而创新又需要高素质的足球人才，参与足球的人素质也高，那足球的发展也会越来越好。法国的青少年足球训练不追求锦标，他们想要的成绩是在运动员成人之后。在法国的青少年足球培养体系中，青少年运员从参加足球训练的开始教练员就会向孩子灌输团队协作思想，如何保护自己身体，如何学会健康饮食，如何学会控制情绪，足球在发挥自身教育功能的同时也更加注重和家庭教育、学校教育的结合，因此足球不是他们生活的全部，只是生活的一部分，生活中最重要的是他的家人和朋友。通过正常的家庭生活和校园生活，孩子能学会人与人之间的交流，得到尊重感受亲情、友情带来的温暖，对他人生起到积极作用。在成人之前无论是专业还是业余的足球训练，运动员始终不会脱离开学校和家庭，这样做是为了让孩子一直处在一个良好的教育环境中，因为他们认为足球训练的过程其实就是一个教育过程，更不能因为足球让孩子缺失了某一方面的教育，让孩子成为一个人格健全、能够很好地适应社会的人才是足球最重要的任务。比如说，法国学校青少年的联赛 U17 以下是不安排全国联赛的，因为他们怕这样耽误队员的学业同时造成各地区之间的不良竞争，使一部分孩子被迫离开家庭被选拔到其他地区进行训练。在青少年球员中极少数球员 18 岁可以和职业俱乐部拿到职业合同，其中有很多有天赋但是行为习惯不够好的球员，培训机构为他们提供完善的教育环境，改变他们不够成熟的思想、态度，最终使他走向职业道路，与其说是足球成就了他，不如说是教育成就了他。另外还有一些没有成为职业球员的队员，即使没有成为职业球员但是他们能够继续进入大学学习，体育管理、运动医学、足球经理、足球教练、体育教育等，他们可以选择适合自己继续学习的专业。同时队员还掌握了足球技能，他们可以在半职业联赛里继续享受足球带给他们的快乐，人生才刚刚开始。如果没有拿到职业合同的球员，失去进入大学的机会他们无法找到更好的生存机会，法国人会认为这种培训是很失败的。因此在对俱乐部和培训中心评价的时候培养的队员除职业球员以外，其他队员进入大学的升学率是评价俱乐部排名的重要条件。通过这样的评价，促使青少年的足球培训不能光以输送运动员为主，更要注重对全部运动员的教育问题，让他们成为一个能够很好适应社会并拥有健全人格的人。通过这样的模式，整个足球环境里的运动员、教练员、工作人员，受教育程度将会得到保证。良好的行业口碑才可以吸引更多家长愿意把小孩子送来参加足球训练，因此在法国青少年足球培训最重要的是教育，教育才是青少年足球培训的灵魂。

想说的还有很多很多，因为这次学习的经历将会是我生命中非常宝贵的财富，在这里我收获到了很多。虽有很多的不舍，但是天下没有不散的筵席，相信在未来几年全国比赛的赛场上校园足球教练员的“黄埔一期”一定会再次相遇，并有所作为，因为在这里每一个人都尽力了。感谢祖国能给我这样的机会来法国学习，也感谢一直在身边为我们提供帮助的班主任老师和翻译，相信我会竭尽所能为校园足球的发展贡献自己微薄的力量。

波尔多二班　叶忠志（宁夏回族自治区灵武市第一中学）

(1) 总体概况

在国家留学基金委和教育部大体协的共同努力下，作为一名基层足球教练员的我，肩负重大历史使命，远赴浪漫法兰西，圆我中国足球梦。我所在的二十人团队有幸分到了美丽富饶的西南部重镇波尔多。这个城市因为红酒而享誉世界，同样波尔多足球俱乐部也历史悠久，成绩斐然，在这样一个拥有浓厚足球氛围的城市，让我们这些来自中国的校园足球教练员深感幸福。通过三个月的学习，我们在四个方面得到了全面提高，从自身能力方面来说，我们都有能力、有计划去组织实施训练活动；从心理指导方面来说，我们能够很好地处理团队建设；从技战术打法方面来说，我们能充分组织团队，让团队充满战斗力；从知识结构方面来说，我们能把理论与实践结合，全面促进学生的全面发展。同样通过三个月的生活，让我们了解了一个气候宜人的波尔多，一个优雅富裕的波尔多。

(2) 个人成长

在这三个月里给我留有最深的印象是法国足球训练中的心理训练，在我的执教经历里，这方面的知识是我涉及不到的，同时也是我将来要重点面对的。下面我将对心理训练方面的认识总结如下：对于心理训练来说，有两个层面的内容，社会心理方面的知识和各年龄阶段的具体心理特征。就各年龄阶段来说，首先要做的是了解他们各个年龄阶段的心理特点，其次是根据各个年龄阶段的特点在训练中如何具体操作。

①就 6~9 岁小球员来说，在心理方面的特点是：这个年龄的球员以自我为中心，教练员要培养他们对周围的人和事产生兴趣，教会他们与人合作，如教练和队友，培养他们的责任感、自信心。因此教练员就要抓住这个特点，在心理训练方面要做的就是通过训练，如对抗练习，学会遵守规则，培养孩子们的团队合作精神。还有就是通过团队生活、完成团队任务，如回收器材等，帮助球员心理上发展。

②10 岁以下的孩子是以自我为中心，10 岁以后才会向朋友敞开心胸，这时候教练员就要抓住这个明显的心理特征，可以通过训练让他们相互沟通，多讨论训练，多一些趣味性的训练和比赛，让他们对足球有热情，让他们去享受足球。而且在这个年龄阶段孩子的注意力也有了大幅提高，交流能力有了一定发展，孩子能与人较好沟通，教练员的沟通会更容易，因此教练员可以设计更难一些的训练，可以使用一些较难理解专业术语如：传球、传切、配合等等。

③U13 心理培养非常重要，他们能客观思考，从自我为中心中慢慢走出来，好奇心增强，有尝试、理解的需要，教练员要注意激发兴趣，保持他们的好奇心，教练员的训练要有中心意义，以比赛为导向的训练更多一些，避免无球训练。而且这个年龄阶段的孩子规则、纪律意识强，对规则和纪律的意义有探知需求，教练员要解释规则和纪律的意义，要公平。有参考其他项目的规则意识，在这个阶段，他们已经明确了为什么踢球的意义。寻找同伴的时期，寻找与自己技术和风格相似的同伴，在这样的过程中建立自信。而对于教练员来说，就要制定简单的活动规则，但规则不能影响练习的时效性，要让队员感受快乐，迅速进步，提高自我；应用积极的教学法，让队员思考；这个年龄阶段的孩子注意力还不是很集中，训练时间在 60~75 分钟为宜；教练员要很好地利用他们遵守规则和容易扎堆的特点建立团队意识。

④U14~U15 这个年龄段还处于少年阶段，初中的最后两年，会有逆反心理，不管是对教练员还是父母，希望独立，因学习、业余生活等会变得很忙，教练员要考虑这些因素。球员具备独立性，有批判精神，也在寻找自我，会有自己的小团体倾向。处在这个时期，第二性特征开始出现，心理情绪不稳定，会有自己喜欢的明星，会拿自己跟别人比较。教练员要为队员创造好的有安全感的环境，做好学校、家、球队之间的联系。教练员要注意跟他们交流，倾听他们，表扬他们做得好的地方，当他们做得不好时要及时指出、帮助，并多鼓励。球员处于少年期，容易染上不好习惯，如跟父母关系紧张会增加这些可能性，教练员可以和球员或家长进行面对面的交流，帮助家长了解孩子的情况，从而且降低这种风险。作为教练员在这个年龄阶段一定在训练场上为他们做出表率，全面提高他们的团队意识。

⑤在 U15~U17 这个年纪，孩子已经有一定的自主性，教练需要给孩子们划定一个范围，制定一些精确的规则。这个年龄层，在团队中需要取得自我认可，很容易形成个性化技术，根据这个年龄的孩子特征，教练可赋予他们一定的责任，比如可以让队伍中的一个孩子负责热身活动等。

对于以上各年龄阶段的具体特征，在这次培训中我有了比较清楚的认识，各个年龄阶段都有他特有的心理特征显现，因此对于教练员来说就要抓住这些明显的心理特征，想其所想，投其所好，组织实施相应的训练，这样训练才能取得事半功倍的效果。

就社会心理学方面的知识，在我之前的执教经历中有涉及，队员心理方面体现的问题是比较突出的，但对于我来说却是没法驾驭的，不知道如何去解决，而且想要参考的东西也不是很多，具体来说，我的队员特别不适应打落后球，尤其是面对实力相当的对手，感觉队员的压力特别大，在落后的时候，执行技战术的能力明显下降，而且情绪化特别严重，最终的结果可想而知。通过对社会心理学方面的学习，让我明白如何让球员面对压力，怎样控制团队和个人情绪，在比赛落后时怎样让孩子集中注意力去踢好比赛，比赛失败后针对出现的问题去做团队和个人的心理疏导。

(3) 总结

通过这三个月对足球的系统学习，全面丰富了我的各方面的知识结构，提升了我解决训练中遇到问题的能力，设计训练的能力，指挥比赛的能力，解决心理训练的能力，尤其在心理训练这一块，在这三个月里更让我明白了作为一名基层教练应该扮演的各种角色。坚信在回国之后的执教经历中，法国之行会让我受益匪浅。

三、留学生活采撷

（一）马赛初体验

在首都体育学院行前培训结束后，按照预先的计划在 9 月 17 日凌晨抵达法国艾克斯。经过简单的调整和适应就按照艾克斯·马赛大学安排的教学训练和生活计划开始了为期三个月的学习生活。从课程安排来看，学员每天上午一节理论课和一节实践课，下午一节理论课和实践课，四个班的上课内容相同，同一节课的内容任课教师相同，实践课的教学方法、练习方法相同，反映出艾克斯·马赛大学的教学团队在本次的学习安排中非常用心，教练团队的构成有大学老师、俱乐部教练员、当地训练中心的人员、体能专家、青少年专家等，团队非常专业；课程内容的模块分类从前两周分析也很专业和新颖，教学模块内学习方式和国内有所区别，国内一般以模块为单位，集中学习，而艾克斯·马赛大学的安排是不同模块分散在每天的上、下午，以周为递进单位。

生活上全体学员在不断地努力适应、不断地努力融入艾克斯的生活氛围，我们也成为了艾克斯市艾克斯·马赛大学校园的一景，80 名中国人，以 20 人为单位，一起坐公交、一起吃饭，一起训练、一起上课，在这个陌生国度的城市内，20 个人的团队集体在一起有秩序地一起学习生活，法方教练团队对此表现出极大的震惊和好奇，尤其看到我们每天的进步，他们好奇我们在国内认识吗？怎么会这样的有秩序有组织？怎么会这样的团结和有凝聚力？

9 月 17 日来到艾克斯这个城市，经过了解，艾克斯（Aix-en-Provence）是普罗旺斯的前首府，这座拥有林荫大道、喷泉、华宅的中世纪古城，是普罗旺斯最具有“都会”风情的地区，因为从 12 世纪开始，艾克斯就是普罗旺斯文化、经济、知识中心，同时，也是天才画家塞尚的故乡，可以在市中心参加塞尚之旅。艾克斯是法国重要的国际学生城，林荫大道上的双侍者咖啡馆非常受欢迎。艾克斯人口不足十五万，但是每年来的游客大大超过此数，无论冬夏在街头巷尾你总能看见他们，这里是典型的地中海式气候，冬温夏凉，滋润而不潮湿。艾克斯又号称大学城，最早的大学创立于公元 1409 年，小小的市区内竟有四五所大学，学生来自世界各国，所以走在大街上能看见各种肤色的鲜亮活泼的年轻人。

每天我们都乘着公交横穿这个美丽而富有文化特色的城市，不仅感受古老原生态的城市，更是对这个国度的足球的教学与训练产生了浓厚的兴趣，也渐渐的感受到我们这次来学习的重要性。

（马赛一班　供稿）

（二）汗水与收获同在

时间转眼即逝，到达法国学习已经半个月的时间了。首先先感谢中国中体协、法国大体联、国家留学基金委为我们赴法留学前期所做的一切准备，让我们到法国学习之路一切顺利。初到法国，我们也遇到了一些问题：从最早的时差难调、饮食不适、练习密度过于强大造成大家身心疲惫；到现在的学训步入正轨、饮食慢慢适应、训练渐渐进入佳境。我们马赛四班的全体学员付出了辛勤的汗水，同时也收获着队友间的友谊、外教实践和训练课的经验，我们以饱满的精神状态迎接所有挑战，同时也传递着正能量。

初到法国，给我们留下最深印象的是超高的个人素质修养、热情的法兰西民族以及严谨的处事态度。走在马路上，你会看到汽车会给行人让路；公交车上自动打卡机，考验着法国人的诚信；你在车站搞不清楚自己要坐哪路车，即使语言不通，他也要指手画脚地帮助你。

两周的学习生活，大家收获很多。感受到了法国先进的足球教学理念以及教学内容的严谨。从兴趣入手，让孩子们在快乐中学习足球。多种多样的教学方法，让我们倍感新鲜，我们要把这种新鲜的教学理念融会贯通，带到我们的训练和教学中去。每天我们班所有老师要聚到一起把每天上课的内容制成教案，并对一天的学习进行总结，两周以来从未间断。

上周末，正值我们国家的国庆节。我们马赛全体 80 名学员在董老师带领下，为祖国 66 岁生日献上了我们深深的祝福。那时，我们无比激动，身为一名中国人，我们骄傲！

我们在法国的学习生活才刚刚开始，是足球把中法两个国家紧密的联系在一起，也因为足球，我们渐渐的爱上了普罗旺斯艾克斯这座美丽的城市。马赛的学员们，让我们共同努力，汗水挥洒战场，两个月后我们定会载誉而归。加油！

（马赛四班　供稿）

（三）我们正式开课啦

巴黎时间 2015 年 9 月 22 日上午 9:00 时，中国校园足球教练员赴法留学图卢兹四个班级在图卢兹第三大学正式开始第一课。上午进行第一节足球理论课，图卢兹大学负责老师将我们图卢兹四个班级分为两间教室学习，一班、二班在一间教室、三班、四班在一间教室共同学习。

给我们图卢兹四班授课的两位老师叫“Shephane（史蒂芬）”和“Jean

(让)”，他们今天上课的方式是首先确立主题、分组讨论、小组展示、讲解方案、牢记授课重点“游戏阶段”“情景阶段”“示范阶段”。我们图卢兹四班全体学员其实早就按耐不住对学习的渴望，所以我们认真听讲、积极讨论、踊跃上台展示，受到两位授课老师的好评。

下午，实践课紧密结合上午的内容，授课教师 Benjamin 为了了解我们的授课能力，让我们自己确定训练内容进行展示，然后进行一一点评。最后，法国老师在我们龚洪卫老师安排的传接球训练中，增加了他的要求及规则，而且一定按照他的要求来做，如右脚内侧停球、脚外侧停球、左脚内侧传球等，来不得半点更改，而且特意强调要不断重复练习，不分年龄大小。因为是基础练习，寓意是“万丈高楼平地起，无基而不立”。

这是我们图卢兹四班的第一课，我们课后马上进行了班会及作业布置，同学们纷纷表示受益匪浅而且意犹未尽，晚上同学们都会写理论及实践课记录，有些同学还每天写留学日记，我们班学员翁卓嘉老师在微信上说：今天第一课，感觉就是一瓶上好的法国红酒开瓶醒酒阶段，但第一天就已经能够慢慢地闻到醇厚的葡萄香了……让我们继续慢慢品吧！

(图卢兹四班　邓展望)

(四) 图卢兹诗歌荟萃

1.《图卢兹，我来了》

美丽的拉泰拉勒，
神灵的加龙运河，
古老的沃尔卡埃泰克托萨热斯要塞。
走来了一群为实现足球梦的人们，
这些抛家舍业、意气风发、开拓进取的足球人，
图卢兹，我来了。

携来祖国各地的嘱托，
肩披大江南北的清韵。
带着中国校园足球的梦想，
踏着先辈留学的足迹，
越过大洋，

星移斗转。
陌生惊奇，
文化差异。
怀揣一颗报国之心，
身负千万求知之力，
誓言铸就了崇技尚实的足球魂。

当黎明还是黑暗朦胧，
从宿舍走来一群迎接朝霞的足球人。
当秋风伴随着落叶安静的不愿打扰晨睡的人们时，
急匆匆的脚步和睡眼朦胧的表情开始了一天行程。

早饭的冷餐那是法国人的习惯，
老干妈与法棍面包的结合也是舌尖上的创举。
我很艰苦但我很快乐，
学习就是一个适应的过程，
生活也是学习法国文化积淀，探知其厚重的一个方面。

从祖国到法兰西，
从北京到图卢兹。
东方到西方，
一夜之间，
十一个小时的风雨兼程。
梦想已经绘出了一幅壮美的画卷，
三个月的学习训练，
可否能够达到励精图治之结果？
我早已雄心在胸！

当国足的屡战屡败，成就了屡败屡战之精神。
两千一百六十小时，
对于 80 名来自祖国校园足球教练们意味着什么？
中国足球，我们要重写历史。
虽然有难以想象的困难和险阻，

未来将是一片群星璀璨的天空。
校园足球的未来，
就是一艘中国足球劈波斩浪的航船。

惊奇，陌生，茫然，感叹，失望是各个阶段的过程，
接触，适应，融入，感动，惊喜是我们最终的结果。
校园足球会因为我而厚积薄发，
我将带给国人一个希望。
梦想从古远到现在都一直在传承，
中国足球青春活力的梦想会因我们而精彩。
厚德充实，善学敏行是我留学坚守的信念。
世道传续，德学宜彰是我崇高的理想。

校园足球骄傲，
因为有我。
足球场是我的梦想舞台，
校园足球是我的重生襁褓。

我爱足球，
我无私的挥洒着汗水。
我爱足球，
我珍惜留学的机会。
我爱足球，
我深情的鼓励着自己。
为足球而执著，
我知道来到图卢兹的意义和职责。

图卢兹，我来了，
我是中国的足球人。
图卢兹，我来了，
我是校园足球的学生。

图卢兹，我来了，

我是中法友谊的使者。
图卢兹，我来了，
我将点燃神圣而崇高梦想的火种。
图卢兹，我来了，
我是中国校园足球发展道路上的基石。
图卢兹，我来了，
我是中国校园足球成功的台阶。

图卢兹，我来了——

我的诗意与激情将为校园足球而燃烧；
我的行为与言行将是中法足球合作的动力；
我的经历与成绩将激励我为足球献身的决心；
我的爱心与赤诚将为振兴中国足球而光荣。

（图卢兹学区班主任　高原）

2.《西行万里识万卷》

地碧天蓝，雀逐云端，法国女郎，金发碧眼。
叶茂枝繁，果挂树尖，图城帅哥，毛长体健。
风起云翻，气象万千，古堡尤新，几经冷暖。
举目详端，楼层二三，教堂高耸，满城红砖。
陌路相见，点头开颜，人行车止，礼让互谦。
绿茵如毯，人夺橄榄，疾推猛撞，十分野蛮。
八十学员，你追我赶，朝起闻道，暮落论剑。
奶凉汤淡，肉生餐简，东西文化，各有渊源。
如今足坛，巴萨曼联，恒大上港，当家外援。
屡败屡战，国人期盼，足球振兴，路在校园。
习总高瞻，军令如山，富国强民，足事为先。
既为教练，洒血挥汗，敢为先锋，任重道远！

（图卢兹一班　李畔）

3.《圆梦法兰西》

校足教练远征难，

虚心求教肯登攀，
振兴足球雄心在，
取得真经把家还。

（图卢兹一班　贾毅）

（五）相宜在梦的未来

地中海吹拂的轻风，带着清新的味道在我们驻地悄悄散落，和着海鸥鸣叫的节拍，浅吟低唱，清脆地敲打着我们的思想与心灵。

自从我们来到这片土地，求学的灵感与智慧，困惑与迷茫、实践与追问，或强或弱，明灭闪烁。异国他乡本真的给予，和蔼真诚的交流，催开了大伙思维的花朵。理论和实践，思考和追求，一天天的知识，如同法国古堡酿制的美酒，美美地的洒在我们的眼里和心里。静静地、细细地品味，把愉美的刹那，感动的瞬间，一字一句、勤劳不倦地收之于细笔。我不是画家，但撷取美好是我的心愿，我不是作家，但记录每天的感动已成为习惯。

于是，处处皆美好！

但愿法国的美酒能长久的酝酿在我们的心里，就像那一只只海鸥，有力地振动着翅膀，把鸣叫深深地印在广袤的天空。未来，让我们提起一季的成果，努力地前行，把学到的知识洒向祖国的绿茵，遍布到每一处角落，辐射给每一处人群。

因为我们知道，那风那酒和那些人，一定会把法兰西的真经吹拂滴洒到中国校园足球梦的未来！

（蒙彼利埃二班　陈大宁）

（六）诗画中秋

中秋节前夜，受蒙彼利埃大学孔子学院邀请，我们赴法留学校园足球教练员一行 40 人来到了蒙彼利埃市政音乐大厅欣赏歌舞表演。

对于已经忙碌了两周的学习，暂时能放下肩上责任的我们来说，坐在音乐大厅里，感受着一场精神食粮的音乐盛宴，所有的疲倦早已烟消云散，不时被这动听的旋律打动，沉醉！其间，每一个节目都博得掌声不断，也让我们觉得祖国的日益强大，作为一名中国人的自豪感。随之而来一首水调歌头配合着二胡与古筝的合奏，把晚会推向高潮，让我们这些身处异国他乡的学子，内心无比思念家乡的一切——父母，爱人，孩子，好友，同事。此时此刻，内心无比惆怅，抬头仰望星空，看着那皎洁的明月，眼泪慢慢地润湿了我的眼眶，好想好想，和家人在一起、在一起度过中秋佳节！也只有此刻，我才正真明白——每逢佳节倍思亲，那种无与伦比的思念。

漫漫长夜无心睡眠，我们将满满的思念寄托在祝福里，祝愿远在9000公里外的亲人朋友同事们，中秋快乐，工作顺顺利利，生活美美哒！——想念你们！

《月是故乡明》

一轮明月当空照，得逢中秋倍思亲。

和馅擀皮包饺子，他乡异地念亲情。

道和志同遇新知，异国同唱一首歌。

四海之内皆兄弟，齐头并进学有成。

（蒙彼利埃二班　陈大宁）

（七）风雨无阻——我们一直在努力

时间过得很快，转眼间我们进入了此次赴法留学的最后冲刺阶段。11 月末的波尔多再也没有 9 月份的阳光明媚，也没有 10 月份的晴空万里，更多的时候都是斜风细雨。离家已经 2 个多月了，每个人对祖国、对家乡、对亲人的思念更是刻骨相思，而这种思乡之情并没有阻止我们为了早日实现中国足球梦继续前进的步伐，大步向前冲，我们一直在努力!!

现将近期学习情况进行总结：

1. 学习情况

①根据课程安排，我们班继续延续赴法伊始制定的学习计划和复习计划，每天中午进行前一天的课程总结及复习，保证资料的完整性，同时让每一个学员更加深刻的理解课程内容，做到及时复习，及时消化。

②为了能及时并高质量的完成班级汇编总结，在班主任及班委的组织及全班同学的努力下，我们班分别于 11 月 24 日、11 月 26 日、11 月 27 日每天抽出 4 小时，进行班级材料的总结及完善，11 月 29 日又利用休息时间进行了汇编。

③12 月 2 日就要开始进行个人考核，在完成课程的同时，班级按教学小组

进行了考核的前期准备工作，针对每一个考核内容同学们都发表各自见解，班主任老师也会对每个人的教学设计进行指导，班级的学习氛围空前高涨。

④11 月 18 日，在法方的安排下，我们参观了梅里尼亚地区的业余体育俱乐部，通过参观让我们了解了法国青少年参加俱乐部方式及俱乐部的运作模式，有助于我们回国后对青少年足球培训的普及。

⑤班主任杨老师继续坚持每天带领学员去观摩吉伦特波尔多俱乐部梯队训练。

⑥11 月中旬进行了抽签考核，截止本周，前 8 人的考核已经顺利过关。

2. 生活情况

(1) 自 11 月 13 日巴黎发生恐怖袭击以来，我们得到了中国驻法国大使馆教育处、中国大体协、留学生基金委、单位领导、同事、家人、朋友等对我们的关心及爱护。为了确保安全，班主任老师也及时开会布置了具体要求，每一个学员都能按要求去做，外出要请假，回来及时销假。

(2) 法方在课余生活安排很周全，带我们去观看波尔多俱乐部的橄榄球比赛，法方负责人托马斯先生还组织我们去打保龄球。

一份信心，一份努力，一份成功；十份信心，十份努力，十份成功；波尔多 2 班的全体学员将会投入全身心的努力。为梦想扬帆！我们一直在努力！

（波尔多二班供稿）

（八）在文化的沉淀中寻找足球发展的密码

波尔多是有名的历史文化名城，是法国最大的历史艺术保护区，2007 年波尔多市整体被联合国教科文组织评为世界文化遗产。很幸运的是，我们在波尔多的学习就是从感受文化开始的。在法国大体联和波尔多大学的安排下，在欢迎宴会前，我们有幸参观了波尔多大学的图书馆，图书馆是典型的欧式建筑，古朴而典雅，在历史的历练中沉淀了文化的精髓。

走进图书馆，里面到处都是学习的身影，可以说是座无虚席，每个人面前几乎都有一台电脑，但就是在这里，传统与现代完美的融合，加速了传承的过程。光滑的台阶和踩上去吱吱作响的地板悄悄见证这一切。对动物最好的保护应该是让它能够在自然的环境里自由自在地生活，而不是建多少动物园。对文化也是一样，对文化最好的保护是传承，而不是让他们进入博物馆。将人放到这样的环境中，传承就自然发生了，在这样的环境里不需要语言，用心灵就足够了。

在波尔多的街头，到处都是文化的缩影，当人置身在文化的精髓中是很容易被触动的，这让文化的传承变得理所当然。任何现象的背后都是文化的现象，只要我们足够尊重文化，我们就会收到文化的馈赠。当然，在波尔多并不是只有房子和艺术充当了文化传承的媒介。足球也是！

在法国，足球绝不仅仅是一个体育项目那么简单，它已经升华为一种文化。在法国体育组织形式知识模块中，我们了解到，在法国最多会有 17 个级别的比赛，由各个对应的足球协会来组织。而这些足球协会的构成都一样，都严格根据 1901 协会法组建。而波尔多足球俱乐部的历史则更为久远，成立于 1881 年，是法国成立最早的俱乐部之一。都说打江山容易，守江山难，从这个意义上来说，传承历史比创造历史难多了。

在短暂的接触中，一次又一次的体会了他们对历史的认同，对传承的重视。给我们上课的老师有十几个，但是有些东西是他们都会提到，并严格遵守的。虽然新的知识和研究成果在不断的应用到训练中，但对足球的热爱没有变。就像他们不会因为波尔多这支队伍的成绩不好就不支持他一样。

周三下午观看了他们 U15 的一场比赛，比赛水平很高，传接球动作干净利落，比赛思路清晰，攻防转换很快。跟我们想象中最大的不同在于，比赛的裁判是跟他们年龄相仿的少年，并且在整场比赛中双方百分百的尊重裁判的判罚，双方的对抗很激烈，但并没有谁，因为被踢了一脚而有什么怨言，他们的焦点只有一个，那就是足球。这不是一朝一夕可以建立起来的足球人文环境。这个现象的背后是文化。相比足球技术的落后，足球文化的缺失，才是我们最大的问题。

一周的学习，让我更加理解了一句话，体育是最好的教育，这也贴合了国家对推动校园足球发展的最终级目标，充分发挥体育的育人功能，推进素质教育！

（波尔多一班　杨朝林）

第四部分：问题与建议

一、对我国校园足球发展的建议

对比法国足球的普及和基础训练情况，我国校园足球和学校体育需要在以下几个方面不断提升：

①增加经费投入，修建满足基本活动需求的足球场地。很多学校足球场地、甚至运动场地不足是制约校园足球发展的首要因素；因地制宜地修建适合 5 人制、8 人制、11 人制的足球场。

②建立系统的各年龄阶段的联赛体制，让小学生、中学和大学生每周都有比赛。用比赛促进教学，引导训练。

③重视基层体育教师的培训，使其具备良好的教学理念和方法，能正确引导学生从事和喜爱足球运动。

④解决好学生升学渠道。很多足球特长的学生，从小学到中学可以通过足球特长进入理想的学校，但从中学到大学的渠道因为升学条件的限制（如二级运动员证书等），绝大多数学生无法通过足球特长进入理想大学，致使绝大多数学生进入高中后，被迫放弃足球训练。

⑤继续实行学校体育教师境外培训项目，学习先进经验，回国后推广。

⑥向不同国家、派出不同项目体育教师进行学习。

⑦当今学校大多数体育教师面临着教学任务重，工作压力大，社会地位不高的问题。建议逐步提高体育教师待遇。营造崇尚体育，尊师重教的社会氛围。

⑧学校体育要以运动项目为载体，培养学生崇尚体育、终身体育的思想。

二、留学项目存在的问题与建议

校园足球教练员赴法留学项目总结大会于 2015 年 12 月 11 日在首都体育学

院胜利召开，留学项目的成功实施得到了中法双方和社会各界的好评，标志着首期校园足球教练员赴法留学项目圆满结束。全体学员在三个月的留学过程中受益匪浅，收获颇丰，但同时也发现一些问题，希望在今后项目的实施过程中逐步改善，进一步提高留学效果。

（一）存在问题

1. 组织实施过程方面

由于首次实施该项目，在前期的人员选拔、留学手续办理、行前培训、任务分配、汇报管理等具体流程上和内容上，还存在一些不明确不具体等方面的问题。相关办法、流程有待完善和具体化。班主任和学员的任务分配及相关要求尽早出台，减少临时性通知。

2. 法方生活和学习安排方面

四个学区在学员生活和学习条件的安排上存在较大差异，如图卢兹和波尔多前期的住宿条件较难满足学习需要。一些地区的住宿、学习和就餐的距离相对较远，时间成本较高。四个学区在教学内容的安排上存在一定差异，讲师的资历和水平上也参差不齐。少数讲师的授课态度不够认真。培训课程的安排在逻辑性和系统性上需要进一步提高。

此外，由于个别学区住在公寓式酒店，学员可以自行做饭，相关费用由自己承担，事实上造成了协议中统一核算的伙食费的浪费。

3. 班主任、翻译、学员的选拔与培训方面

班主任的责任心、大局意识和工作能力差异较大，其工作方式直接影响学员的情绪和学习效果；翻译缺少专业知识的学习，对足球项目、运动训练、生理生化、心理学等专业术语掌握较薄弱。翻译每天的工作量过大；少数学员的学习态度不端正，还有少数非足球专业的学员能力较弱，较难完成留学任务。以上三类人均需要进行更高条件的选拔，同时需要进行系统的培训。

此外，学员能力差异较大，对培训课程的深度需求不一致。如图卢兹 80 名学员分为四个班级，其中一班、二班主要由高校教师组成，三班、四班主要由中小学教师组成，学员在知识层面以及足球经历层面差异过大。

（二）建议

①总结制定留学人员选拔、留学手续办理、行前培训、任务分配、汇报管理等相关文件，完善留学项目实施流程。

②与法方大体协进一步沟通，可签订关于留学生活学习条件、课程内容、讲师资质等谅解备忘录。从而可以有效减少班主任的沟通压力。

③对今后校园足球的留学人员（班主任、翻译和学员）要有全面的甄别，制定相关选拔标准，同时进行系统的前期培训。派往统一地区的班主任最好来自同一所学校，并事先明确不同地区的负责人，从而便于沟通和地区所有学员的统一行动安排。

④行前培训期间对学员进行有效学习方法的指导。建立在留学期间的过程监督和评估制度，量化学员的学习表现。

⑤对学员的选拔及归国后的有效发挥作用进行系统的规划。

⑥通过互访、在线等渠道加强法方讲师对中国校园足球和青训状况的了解。

第五部分：媒体关注

《中国校园足球教练将赴法留学》

2015 年 2 月 11 日　来源：中国教育报

据新华社西班牙格拉纳达 2 月 9 日电（记者　张寒　顾涓）当地时间 9 日，中国大学生体育协会秘书长杨立国与法国大学生体育联合会主席索特霍，在西班牙格拉纳达签署了中国校园足球教练员赴法国留学项目实施协议。

根据协议，为进一步促进中国校园足球的发展，提高校园足球教练员的整体水平，在国家留学基金委的支持下，中国大体协将每年从学校系统选派约 240 名足球教练员及体育教师赴法国图卢兹大学、蒙彼利埃大学和马赛大学进行为期 3 个月的系统学习，第一批学员将于今年 9 月初启程。

杨立国透露，中国大体协下阶段要进一步加强国际合作，让国际上先进的教学方式和经验引领中国校园足球健康发展。他说："我们与西班牙的皇家马德里俱乐部及意大利足协都有类似的合作协议，下一步将按计划分步骤实施，重点在于对校园足球教练员的培训和引进教材等深度合作。"

《中法开展校园足球合作　学校教练员有望赴法留学》

2015 年 2 月 11 日　来源：中国新闻网

本报格拉纳达 10 日电（记者　吴东）今后，中国大学生体育协会将每年从学校系统选派约 240 名足球教练及体育教师赴法国的大学进行 3 个月的留学，第一批学员将于 9 月赴法。昨天，正在参加第 27 届世界大学生冬季运动会中国大体协秘书长杨立国与法国大学生体育联合会主席索特霍在西班牙格拉纳达签署了中国校园足球教练员赴法国留学项目实施协议。

杨立国介绍，去年 9 月中国大体协与法国大体联签署了中法校园足球合作谅解备忘录，双方将在校园足球教练员留学培训、学生足球队交流与比赛等方面开展系列活动。昨天签署的实施协议，正是落实"备忘录"的第一步。今后，中国大体协将每年从学校系统选派约 240 名足球教练及体育教师赴法国图卢兹大学、蒙彼利埃大学和马赛大学进行 3 个月的学习。这些接受培训的教练回到各个学校将有力地推动校园足球的开展。

据悉，中国大体协还将于今年 6 月在京举办"中法大学生体育周"，届时法国大学生足球队将与中国大学生足球队举行友谊赛等交流活动。杨立国还透露，中国大体协与西班牙皇家马德里俱乐部及意大利足协都有类似的合作协议，下一步将按计划分步骤实施，对学校足球教练、体育教师进行培训。

《240名校园足球教练员将赴法国培训》

2015年9月8日　中国体育报

本报讯来自全国各地的240名校园足球教练员将于9月15日—12月10日赴法国进行足球培训学习。从9月7日开始，这240名校园足球教练员在首都体育学院接受为期一周的培训。

教育部学生体育协会联合秘书处秘书长、中国大、中学生体育协会常务专职副主席杨立国，教育部留学服务中心主任孙建明等出席了此次行前培训开班仪式，并为在首都体育学院成立的教育部学生体协对外交流与培训中心揭牌。作为校园足球教练员赴法国留学项目的基地单位，首都体育学院具体负责该项目的相关事宜。

为促进我国学校足球教练员队伍建设，提高教练员（体育教师）足球教学训练水平，落实2014年9月“中法校园足球合作谅解备忘录”要求，教育部体育卫生与艺术教育司、国际合作与交流司、国家留学基金管理委员会秘书处、中国大学生体育协会等部门（单位）共同协商同意，决定启动实施校园足球教练员赴法国留学项目，自2015年起选派校园足球教练员赴法国留学。

“期待这240名校园足球教练员接受培训回国后能够成为‘星星之火’，带动全国校园足球的发展，带动中国足球事业的发展，并不断推进素质教育。”国家留学基金管理委员会秘书长刘京辉如是阐述了校园足球教练员赴法国留学项目的重要意义。（李雪颖）

《2015年教育部校园足球教练员赴法国留学行前培训开班仪式在我校举行》

2015年9月9日　首都体育学院新闻稿

2015年9月7日，2015年教育部校园足球教练员赴法国留学行前培训开班仪式在我校举行。来自全国20余个省市自治区的200余所学校的240名校园足球教练员参加了开班仪式。仪式由我校钟秉枢校长主持，教育部学生体育协会联合秘书处秘书长、中国大、中学生体育协会常务专职副主席杨立国，国家留学基金管理委员会秘书长刘京辉，教育部留学服务中心主任孙建明，教育部学生体育协会联合秘书处副秘书长、中国大、中学生体育协会专职副主席薛彦青，法国驻华大使馆文化处语言教育与体育合作部专员 Jacqueline Plessis（裴雅琳），北京外国语大学副校长闫国华，我校党委书记赵文和副校长谢军等领导出席了此次开班仪式，并分别发表致辞，表示了对此次留学项目的重视和对学员的殷切期望。

为促进我国学校足球教练员队伍建设，提高教练员（体育教师）足球教学训练水平，落实 2014 年 9 月“中法校园足球合作谅解备忘录”要求，教育部体育卫生与艺术教育司、国际合作与交流司、国家留学基金管理委员会秘书处、中国大学生体育协会等部门（单位）共同协商同意，决定启动实施校园足球教练员赴法国留学项目，自 2015 年起选派校园足球教练员赴法国留学。此次是建国以来最大一次留学项目，得到了刘延东副总理和教育部领导的高度重视，获得了法国大使馆等的大力支持。作为该项目的基地单位，我校具体落实相关事宜，并在学校内精心挑选配备了九名班主任，负责此次赴法留学的班级管理工作。

此次留学项目计划于今年正式启动，在全国范围内选派了 240 名校园足球教练员于 2015 年 9 月 15 日—2015 年 12 月 10 日赴法国集中培训学习，留学地点为法国的马赛、波尔多、图卢兹、蒙彼利埃四座城市。在出发前的 9 月 6—14 日在我校进行行前培训，根据留学课程的设置，邀请专家教授为大家进行有针对性的培训，同时详解留学管理规定，提出安全、外事纪律等各项要求，同时包括团队建设、文化、语言、礼仪、足球基础理论等。

《教练赴法留学项目首践获双方肯定》

2015 年 11 月 13 日新华网

新华网法国艾克斯 11 月 10 日体育专电（记者张寒、应强）首批成建制公派留学的中国校园足球教练员代表 10 日汇聚本期驻地之一的法国普罗旺斯地区艾克斯，畅谈学习收获和体会。

作为中法高级别人文交流机制的重要成果之一，由全国青少年校园足球工作领导小组办公室、国家留学基金委、中国大学生体育协会、中国中学生体育协会联合选派的 240 名校园足球教练员 9 月中旬抵达法国，在波尔多、图卢兹、马赛（艾克斯）、蒙彼利埃 4 地展开为期三个月的留学生活。

如今学期过半，来自中国各地大、中、小学教学一线的基层教练员们通过理论、实践、视频分析和实地观摩相结合的系统学习，对法国足球先进的教学方法和训练理念有了更深入的认识和理解，纷纷表示要珍惜最后一个月的学习机会，取得校园体育与足球教育的真经，当好中法交流的民间使者。

中国驻法大使馆教育处公参马燕生、中国大体协常务专职副主席兼秘书长杨立国、法国大体协主席索特霍到会听取了教练员代表的中期总结报告，对两个月以来双方共同努力下取得的学习交流成果给予高度肯定。

已多次亲往驻地看望中方学员的马燕生公参用18个字概括他对此次留学项目开展效果的整体印象：“时间短、课业重、要求高，成果丰、体会深、亮点多”。他相信，“具有高度的荣誉感和使命感，也展现出强烈的紧迫感和责任感”的中国校园教练们定能圆满达成使命。

两天前刚当选新一届国际大学生体育联合会副主席的杨立国会上对这个项目首批受训教练员们提出要求，希望他们抓紧时间汲取知识、开阔视野，力争回到各自学校发挥骨干作用，用国际上先进的教学方式和经验引领中国校园足球健康发展。

索特霍则感谢中方在这个项目上给予法方的信心，表示会在师资配备、协调统筹等多个方面继续积极工作，希望这样高质量、高水准的项目能长期延续下去，推动中法校园足球之间的合作与交流走向更好的未来。

根据中国大体协的计划，除继续开展校园足球教练员的赴法留学项目之外，2016年校园足球、橄榄球教练员赴英留学，篮球、游泳、田径、啦啦操教练员赴美留学等项目也将全面启动。

《马燕生公参赴波尔多看望中国校园足球教练员》

2015年10月20日　中华人民共和国驻法兰西共和国大使馆教育处

10月15日，中国驻法国使馆公使衔教育参赞马燕生来到波尔多四大校园，看望在波尔多参训的40位中国校园足球教练员。

中华人民共和国驻法兰西共和国大使馆教育处
Service de l'Education, Ambassade de la République Populaire de Chine en République Française
首页 Accueil　关于我们 Contact　教育交流 Coopération Educative　留学法国 Etudier en France　为国服务 Après Edudes　汉语推广 Enseignement du Chinois　留学中国 Etudier en Chine

联系我们 (Contactez Nous)

教育处接待留学人员时间为：

每周二、五下午

2:30 － 5:00

教育处地址： 29, rue de la Glacière, 75013 Paris（地铁6号线Glacière站，公交车21路）

电话：0033-(0)1 4408 1940

传真：0033-(0)1 4408 1960

重要链接

中国驻外机构

法国相关机构

马燕生公参赴波尔多看望中国校园足球教练员（2015-10-20）

[字号：大 中 小]

10月15日，中国驻法国使馆公使衔教育参赞马燕生来到波尔多四大校园，看望在波尔多参训的40位中国校园足球教练员。

马燕生首先代表使馆教育处向学员们表示亲切慰问。他表示，目前中法关系很好，大家来法参训赶上了好时机，希望学员们认真学习法国足球教学的理念和人才培养模式，特别注意法国在足球人才个性化培养方面的经验。参训之余还应利用各种机会广泛接触法国文化和社会，特别是领略世界著名葡萄酒之乡波尔多的文化和生活，做中法友好交流的使者。

当晚，在使馆教育处的安排下，校园足球教练员代表、波尔多地区学联和波尔多大学学联干部进行了交流，以便他们更好更快地融入当地的培训和生活。

马燕生首先代表使馆教育处向学员们表示亲切慰问。他表示，目前中法关系很好，大家来法参训赶上了好时机，希望学员们认真学习法国足球教学的理念和人才培养模式，特别注意法国在足球人才个性化培养方面的经验。参训之余还应利用各种机会广泛接触法国文化和社会，特别是领略世界著名葡萄酒之乡波尔多的文化和生活，做中法友好交流的使者。当晚，在使馆教育处的安排下，校园足球教练员代表、波尔多地区学联和波尔多大学学联干部进行了交流，以便他们更好更快地融入当地的培训和生活。使馆教育处邹润民一秘和黄培三秘陪同参加上述活动。

《教育部副部长赴法　探访校园足球留学教练员们》

2015 年 10 月 26 日　腾讯体育

腾讯体育　中超　西甲　英超　意甲　欧冠　NBA　彩票　图片　视频

教育部副部长赴法 探访校园足球留学教练员们

腾讯体育　2015-10-26 14:38　0 评论　分享

腾讯体育讯 当地时间 10 月 24 日下午，教育部副部长郝平一行专程来到法国蒙彼利埃看望在此留学的校园足球教练员们。陪同郝平副部长参加活动的还有中国驻法国大使馆公使衔教育参赞马燕生、教育处一等秘书邹润民等。

从进入培训中心大门的那一刻起，郝平同志就流露出他平易亲和的一面，不但与全体教练员一一握手，还不时询问大家平时的学习和生活情况。在集体合影留念后所有人员齐集一堂，举行了隆重而又轻松的座谈会。首先，来自各地的教练员们分别做了简短的自我介绍。随后，留学工作境外总管董志强老师代表各班班主任分别从学习、生活、人文交流、学习计划四个方面介绍了留学工作的一些亮点和特色，也为下一阶段的学习表明了态度和方向。蒙彼利埃一班班主任，来自首都体育学院的赵治治老师代表蒙彼利埃学区从生活、学习、训练等方面进行汇报，尤其突出介绍了中国教练员为法国学生上的公开课，突出了法方教练团队对中国学员的信任与肯定。来自河北地质大学的张杰老师代表全体学员发言，道出了在法国学习、生活方面的感悟与思考。翻译代表，来自北京外国语大学的博士生邓冰艳介绍了他们在工作中的感受和收获。

郝平同志在讲话中则提及了自己的成长经历和对足球的情结，并谈到了党中央、国务院对于校园足球改革的高度重视。校园足球的改革实际上是对其他项目教学改革的尝试。通过足球教学改革来推动其他项目的教学改革，最终使全民族的体质得到提高。郝平同志特别强调，大家在学习过程中要时刻想到自己的职责和使命，回国后要用自己所学的本领更好地辐射更多的区域和老师。

教师是人类灵魂的工程师。留学仅仅是个开始，未来还有更加艰巨的工作在等着大家。最后，郝平同志对翻译及班主任的工作给予了充分的肯定，也对各位教练员严谨、认真的学习态度给予了表扬。他要求大家做好最后的总结工作，给党和人民交出一份满意的答卷，为中国校园足球的发展贡献自己的力量，并预祝所有教练员心情愉快、身体健康。

《中国校园足球教练员赴法培训进展顺利》

2015 年 11 月 11 日　来源：人民网 – 国际频道

人民网巴黎11月11日电（记者李永群）11月10日，中国校园足球教练员赴法国培训项目中期总结交流会在普罗旺斯地区艾克斯举行。中国大体协秘书长、国际大体协副主席杨立国，法国大体协主席让—弗朗索瓦·索特罗，法国大体协主任樊尚·罗尼翁，中国驻法国使馆教育处马燕生公参，以及受训教练员代表等出席了交流会。

索特罗首先致辞，他表示，中国校园足球教练员赴法培训两个月来进展顺利。法国是第一个签约接受中国校园足球教练员集体留学的国家，充分体现了中国对法国的信任，我们决心尽力做好各方面工作，以此回报中国的信任，不辜负大家的期待。希望这一培训项目取得良好成效，并为法中长期合作打下基础，相信双方拥有美好的合作前景。

马燕生在发言中说，中国校园足球教练员赴法培训项目的推进是中法高级别人文交流机制运行的成功典范。驻法使馆教育处对此高度重视，为保障项目的顺利进行，教育处安排专人负责本项目在法国的管理与服务工作。“我本人曾赴波尔多、艾克斯看望学员，并陪同教育部副部长郝平到蒙彼利埃慰问学员，下一步我还将到图卢兹看望大家”。教育处将尽力为大家的学习生活提供协助，进一步促进中法两国校园足球的交流合作，促进两国大体协之间的联系。在中法高级别人文交流机制框架下，为两国在教育、体育、青年、地区合作等各方面的合作上一个新台阶而做出努力。

中国校园足球教练员赴法国培训项目中期交流总结会全体成员合影

杨立国表示，作为中法高级别人文交流机制的重要成果之一，由全国青少年校园足球工作领导小组办公室、国家留学基金委、中国大、中学生体育协会联合选派的 240 名校园足球教练员于 2015 年 9 月启程赴法国波尔多、图卢兹、马赛、蒙彼利埃四地开始了为期 3 个月的国家公派留学生活。本次赴法留学项目是中法双方大体协的首次合作，双方对该项目都给予了高度的重视，并赢得了双方教育界、新闻媒体和社会各界的积极好评。

杨立国指出，此次留学项目是建国以来规模最大的集体留学项目，也是中国学校体育，特别是校园足球发展里程碑式的标志。目前，留学期限已经过半，各地区学员学习情况良好，留学工作进展顺利。学员纷纷表示收获很大，主要是学习了法国足球理念与教学方法。

《2015 年中国校园足球赴法留学项目总结会举行》

2015 年 12 月 12 日　来源：中国教育新闻网

中国教育新闻网 12 月 11 日讯（记者李小伟）2015 年中国校园足球赴法留学项目总结大会今天在首都体育学院举行。中国大学生体育协会常务专职副主席兼秘书长、国际大学生体育联合会副主席杨立国以及教育部有关方面负责人、班主任和学员代表出席。

会上，宣读了关于表彰 2015 年中国校园足球教练员赴法国留学项目的决定。

优秀学员代表在发言中表示，虽然赴法留学只有短暂的三个月，但学员们不仅在足球理念、理论知识、教学实践等方面收获颇丰，还提高了团队协作的能力，回国后亦要深刻总结，真正把国外先进的教学、训练方法融入到日常的课堂教学实践中，为促进我国学校足球教练员队伍建设，提高教练员、体育教师的足球教学训练水平出一份力，造福中国的校园足球。

在此次总结大会上，中国大体协与北京外国语大学签署关于建立合作伙伴关系的合作协议。未来，双方将通过资源整合与分享，为中外高级别人文交流机制框架下的学校体育领域提供语言服务，提高在校学生及在职教师在交流与实践、教学与研究方面的技能。

作为中法高级别人文交流机制的重要成果之一，此次留学项目在全国范围内选派了 240 名校园足球教练员赴法国的马赛、波尔多、图卢兹、蒙彼利埃四座城市进行集中培训学习，是建国以来规模最大的一次集体留学项目。目前，2016 年中国校园足球赴法国留学项目的筹备工作已经启动。此外，在中外高级别人文交流机制框架下，中国大体协还与多个国家建立了合作关系。未来，中国大体协将在全国范围内选派校园足球、篮球、田径、游泳、橄榄球等项目教练员赴英国、美国等地进行学习交流。

《2015年中国校园足球赴法留学项目总结大会举行》

2015年12月11日　来源：人民网

人民网北京12月11日电（记者李硕）2015年中国校园足球赴法留学项目总结大会11日在首都体育学院举行。作为中法高级别人文交流机制的重要成果之一，此次留学项目在全国范围内选派了240名校园足球教练员赴法国的马赛、波尔多、图卢兹、蒙彼利埃四座城市进行集中培训学习，是建国以来体育项目规模最大的一次集体留学项目。

优秀学员代表在发言中表示，虽然赴法留学只有短暂的三个月，但学员们不仅在足球理念、理论知识、教学实践等方面收获颇丰，还提高了团队协作的能力，回国后亦要深刻总结，真正把国外先进的教学、训练方法融入到日常的课堂教学实践中，为促进我国学校足球教练员队伍建设，提高教练员、体育教师的足球教学训练水平出一份力，造福中国的校园足球。

目前，2016年中国校园足球赴法国留学项目的筹备工作已经启动。此外，在中外高级别人文交流机制框架下，中国大体协还与多个国家建立了合作关系。未来，中国大体协将在全国范围内选派校园足球、篮球、田径、游泳、橄榄球等项目教练员赴英国、美国等地进行学习交流。

在此次总结大会上，中国大体协与北京外国语大学签署关于建立合作伙伴关系的合作协议。未来双方将通过资源整合与分享，为中外高级别人文交流机制框架下的学校体育领域提供语言服务，提高在校学生及在职教师在交流与实践、教学与研究方面的技能。

中国大学生体育协会常务专职副主席兼秘书长、国际大学生体育联合会副主席杨立国，教育部留学服务中心主任孙建明，中国驻法国大使馆教育处公使衔参赞马燕生，教育部国际合作与交流司副司长于继海，北京外国语大学副校长闫国华，首都体育学院党委书记赵文，国家留学基金管理委员会欧洲事务部主任力洪等领导以及班主任、翻译和学员代表出席了本次总结大会。

FUSC
CSSF
2015 年校园足球教练员赴法国留学项目
总 结 大 会
主办：教育部国际合作与交流司、国家留学基金管理委员会、全国青少年校园足球工作领导小组办公
承办：教育部学生体育协会联合秘书处、首都体育学院

图书在版编目(CIP)数据

校园足球圆梦法兰西.2015 / 杨立国，钟秉枢主编．–北京：人民体育出版社，2016
中国学校体育教练员出国留学系列丛书（一）
ISBN 978-7-5009-4977-0

Ⅰ.①校… Ⅱ.①杨… ①钟… Ⅲ.①足球运动–教练员–技术培训 Ⅳ.①G843.2

中国版本图书馆 CIP 数据核字(2016)第 099096 号

*
人民体育出版社出版发行
三河兴达印务有限公司印刷
新 华 书 店 经 销
*
787×1092 16 开本 13 印张 250 千字
2016 年 6 月第 1 版 2016 年 6 月第 1 次印刷
*
ISBN 978-7-5009-4977-0
定价：50.00 元

社址：北京市东城区体育馆路 8 号（天坛公园东门）
电话：67151482（发行部） 邮编：100061
传真：67151483 邮购：67118491
网址：www.sportspublish.com
（购买本社图书，如遇有缺损页可与邮购部联系）